リーガルリテラシー
法学・憲法入門

浅川千尋 著

法律文化社

はしがき

　2019年5月23日は，ドイツ基本法（憲法）施行70周年の日である。周知のように，ドイツ基本法は，東西ドイツ統一以降まさに全ドイツの憲法としてその輝きを失っていない。ドイツでは，これまで基本法改正が戦後63回行なわれている。改正手続は，両院の議員の3分の2以上の賛成が必要であるので硬性憲法である。しかし，この回数は相当なものである。この点を強調して，日本は「憲法改正」を積極的にすべきであり，そのために国会の改正要件を緩和すべきであるという主張も一部ではなされていた。しかし，ドイツでは，憲法の基本原則や本質的な価値の改正は禁止されており，基本的には統一に伴う改正やEUとの関係で改正するものなどの法技術的な改正が非常に多い。本書は，日本国憲法が定めている基本原則の優れた価値を高く評価し改正すべき点は現行の改正手続に基づいて改正すべきであるという立場を採る。護憲論とは，本来このような立場であると考えている。

　本書では，「法および憲法についての知識を身につけそれを自己の権利・自由および他者の権利・自由を実現するために行使し，主権者である国民・市民として司法・立法・行政へ参画できる能力」を身につけることを目的としている。

　本書の構成は，現行憲法をしっかり学び社会常識としての憲法・法律の知識を身につけていくことを目ざす内容である。そのため，憲法のみならず，民法，刑法という基本的な法律や教育法や労働法に属する法律などまでさまざまな法律を学んでいける内容としている。各章では，それぞれの章ごとにキーワードを掲げている。また，図を多く用いてビジュアルな面からもテーマにアプローチしている。そのことによって，できるだけ読みやすい書物を目ざすことを意図している。本書の目的および意図が，成功したのかどうかは読者の皆さんの判断に委ねさせていただきたい。21世紀が，平和で人権が保障される社会に一歩でも近づける時代になることを心から願っている。その願いが実現さ

れることに，本書が少しでも役立てることができるなら幸いである。なお，本書は，『リーガル・リテラシー憲法教育〔第2版〕』を加筆修正したものである。

　出版状況が厳しいなかで，法律文化社から本書を刊行できたことは大変うれしい限りである。編集部の小西英央さんには編集で大変お世話になった。ここに記して，感謝とお礼を申し上げる次第である。なお，大学院の恩師であらせられる大阪大学名誉教授高田敏先生には，ご高齢になられても研究活動を続けられておられる姿にはただ感服するばかりである。不肖の弟子であるが，この場を借りて先生のますますのご健勝をお祈りしたい。また，学部時代の「憲法ゼミ」で小林直樹著『現代基本権の展開』（有斐閣，1976年）を用いて熱く議論した友人たちにも心から感謝したい。

　　　2019年11月9日
　　　　　　　　　　　ベルリンの壁崩壊から30周年の日に奈良にて
　　　　　　　　　　　　　　　　　　　　　　　浅川　千尋

目　　次

全体を通じての主要参考文献
資料・日本国憲法

1　法学（六法）と憲法

　法学とは，おもに法律に関する学問を指す。法律とは，社会で市民・国民を法的に拘束するルールである。日本の法律は，数多くあるが，その基本中の基本となる法律が六法といわれているものである。憲法，民法，刑法，商法，民事訴訟法，刑事訴訟法である。

　憲法は，「国家の基本となる法律＝基本法，国家の根本となる法律＝根本法」「最高のランクを有する法律＝最高法規」である。つまり，最高法規である憲法の下に，民法，刑法，商法などのさまざまな法律が存在する。繰り返すが，憲法は，「最高法規」であり（憲法第98条），憲法および憲法の内容と矛盾する法律などは，無効となる。

〈最高法規〉

憲法に反する法律は無効となる !!
　　　憲法98条

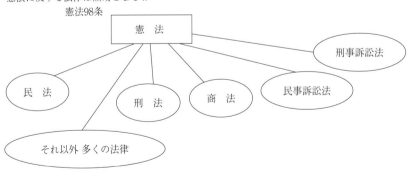

資料イントロダクション-1　出典：筆者作成

2　近代立憲主義と憲法

　憲法とは，国の基本法・根本法である。憲法を制定し，国家の組織や権力行使のあり方を定め，国家権力を人権と民主主義によって縛るという考え方を，「立憲主義」という。とくに，18世紀の近代市民革命によって確立されたのが「近代立憲主義」である。この考え方は，ブルジョワジー（市民）の権利保障と国家権力の制限を目的とするものであった。絶対君主制の下では，市民は自由な活動を制限されていた。たとえば，職業選択の自由，移動の自由，営業の自由，表現の自由などの多くの自由が制限されていた。近代市民革命によって，市民はさまざまな自由・権利を獲得することになったのである。

3　憲法の特徴

　最高法規である憲法は，どのような特徴をもっているのであろうか。それは，次のようなものである。憲法に反する法律などは，無効となる。法律などの内容は，憲法に適合していなければならない（憲法第98条）。憲法では，国民主権が定められている（憲法前文，第1条）。日本でも主権者である国民が，代表者を選び代表者が政治を行なうという仕組み（代表民主主義，代表民主制）が採用されている。

　憲法第99条では，憲法尊重擁護義務が定められており，「天皇，摂政，国務大臣，国会議員，裁判官その他の公務員」が憲法を尊重し擁護しなければならないのである。国民が憲法を守る義務を課せられているのではなく，総理大臣をはじめとする政治家や公務員などが憲法を尊重し守る義務を課せられているのである。

　憲法は，前文，基本的人権の分野，統治機構（国会，内閣，裁判所），地方自治の分野から構成されている。日本国憲法では，国民主権，平和主義，基本的人権の保障（尊重）の3大原則が定められている。これに権力分立，地方自治を加えて，憲法5原則といわれることもある。

〈日本国憲法の制定と理念の仕組み〉

■日本国憲法の制定

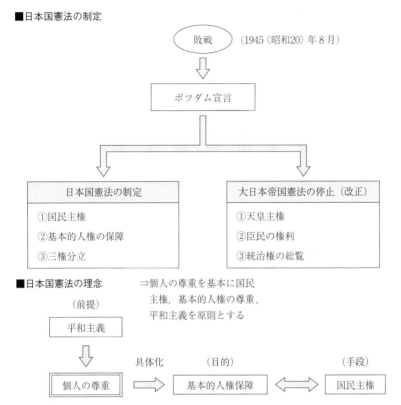

■日本国憲法の理念　　⇒個人の尊重を基本に国民
　　　　　　　　　　　主権，基本的人権の尊重，
　　　　　　　　　　　平和主義を原則とする

資料イントロダクション-2　出典：神田将『図解による憲法のしくみ』（自由国民社，2013年）15頁

【復習問題】

＊憲法の原則
　　憲法の三大原則を挙げなさい。
　　（　　　　　）
　　（　　　　　）
　　（　　　　　）

＊日本の法律
　　六法を挙げなさい。

4

（憲法　　　）
（　　　　　）
（　　　　　）
（　　　　　）
（　　　　　）
（　　　　　）

第1章　平和主義

▷キーワード▷▷▷

戦争の放棄，戦力の不保持，憲法第9条，自衛隊，戦力，長沼事件，砂川事件，国際貢献，イラク特措法，国際社会と平和条項，集団的自衛権をめぐる議論

1　戦争の放棄・戦力の不保持と自衛隊

　憲法の基本原則である平和主義は，憲法前文で宣言されている。すなわち，日本国民は，「政府の行為によって再び戦争の災禍が起こることのないようにすることを決意し」，「恒久の平和を念願し，人間相互の関係を支配する崇高な理想を深く自覚するのであって，平和を愛する諸国民の公正と信義に信頼して，われらの安全と生存を保持しようと決意した」。「われらは，全世界の国民が，ひとしく恐怖と欠乏から免かれ，平和のうちに生存する権利を有することを確認する」。

　この理念を具体化したのが，憲法第9条である。憲法第9条では，第1項で戦争放棄を定めている。戦争放棄は，自衛戦争も侵略戦争も含めて戦争を放棄すると解される。多数説では，「国際紛争を解決する手段としては永久に戦争を放棄する」という文言から，第1項での戦争は「侵略戦争」のみを指しているとする。なぜなら，国際法上は，戦争という言葉は「侵略戦争」のみを指し

ていたからであるとする。ただし，第2項では，戦力の保持が一切禁止されており交戦権も認められていない。したがって，この見解によれば，第9条全体としては一切の戦争が否定されることになる。

また，1950年朝鮮戦争が勃発すると警察予備隊が創設された。当初政府は，警察予備隊は警察力を補う組織であるとしていた。その後，警察予備隊は，1952年保安隊・警備隊に改組され，1954年に日米相互防衛援助協定（MSA協定）の締結によって，自衛隊に改組・増強された（自衛隊法の成立）。自衛隊は，憲法第9条との関係でどう考えられるのであろうか。

多数説の立場に立つとポイントとなるのは，自衛隊が第9条第2項で禁止されている「戦力」に当たるのかどうかである。多数説では，「戦力」とは「外敵の攻撃に対して実力をもって抵抗し，国土を防衛することを目的として設けられた人的および物的手段の組織体，ならびに有事の際にそれに転化できる程度の実力部隊」と定義している。つまり，「警察力を超える実力」であると考えられている。この立場からすると，陸空海20万人以上を擁しおよび装備でも世界でも上位（ベストテン以内）に入る自衛隊は「戦力」に当たると解される。したがって，憲法第9条と矛盾する存在である（自衛隊違憲論）。

少数説では，第9条第1項では「侵略戦争」を放棄したものであり，第2項で「前項の目的を達するため」＝「侵略戦争放棄という目的を達するため」に戦力の保持が禁止されているから，「自衛のための戦力の保持は禁止されていない」と解する。この立場からは，『自衛隊』は合憲であるという結論が導かれる。

歴代の政府の見解は，国際法上日本には「自衛権」が認められており，自衛権を行使し国民の生命・財産等を守るために「必要最小限度の実力組織（＝自衛隊）」は憲法第9条に反するものではないとしている（自衛隊合憲論）。つまり，「専守防衛」のための「実力行使」（自衛隊による個別的自衛権行使）は許されるというものである。

2　裁判例

自衛隊などが憲法第 9 条などに反しないのかどうかが争われてきた。

1　長沼事件

自衛隊のミサイル基地建設のために，国（農林大臣）は北海道の長沼町にあった国有保安林の指定を解除して伐採することを許可した。住民が，指定解除の取り消しを求めた訴訟で，札幌地裁は，自衛隊は憲法の禁ずる戦力に当たり，自衛隊のミサイル基地建設のための保安林指定解除は認められないとした。自衛隊＝違憲であるという判決が下されたのである（札幌地裁1973年判決）。

しかし，札幌高裁，最高裁（1982年判決）では，憲法問題に触れることなく住民の訴えを退けた。つまり，自衛隊が憲法に反するのかどうかが判断されなかった。

2　砂川事件

デモ隊が東京都の駐留米軍砂川基地に進入したとして，日米安全保障条約に基づく刑事特別法違反で起訴された事件で，1959年 3 月東京地裁は，駐留米軍は違憲（憲法第 9 条の戦力に当たる）であり，デモ隊＝被告人を無罪とした。最高裁は，1959年12月に差し戻し判決を下した。外国の軍隊＝米軍は，憲法第 9 条が禁ずる戦力には当たらないとした。また，日米安全保障条約は，「高度の政治性を有するものというべきであって……一見極めて明白に違憲無効であると認められない限りは，裁判所の司法審査権の範囲外のもの」であるとした（統治行為論）。

3　国際社会と平和

政府は，従来「武力行使」の目的で武装した部隊を他国地域へ派遣させることは「海外派兵」であり許されないが，武力行使を目的としない「海外派遣」

は可能であるとしてきた。また，国連の平和維持活動については，武力行使を伴わないものには自衛隊が参加することも可能であるが，自衛隊法にはそのような任務が与えられていないので参加は許されないとしていた。しかし，1992年国連平和維持活動（PKO）協力法に基づいて，武力行使を伴わない自衛隊の派遣が許されるとした。

近年の例では，テロ対策特措法（2001年）・イラク特措法（2003年）に基づいて，非戦闘地域への自衛隊の派遣は許されるとされた。2008年4月名古屋高裁は，現在のバグダットはイラク特措法にいう「戦闘地域」であり，航空自衛隊による武装した多国籍軍の同地への輸送は，他国による武力行使と一体化した活動であって，自らも武力の行使を行なったと評価を受けざるをえないとして，航空自衛隊の活動を特措法違反・憲法第9条第1項違反とした。

国際社会では，平和条項はどうなっているのであろうか。とくに，日本の憲法第9条のように憲法で平和主義や平和条項を定めている国はあるのであろうか。日本と同じように第二次世界大戦で侵略戦争を遂行したドイツでは，「侵略戦争とその準備を禁止する」（ドイツ基本法第26条）が定められている。しかし，戦後再軍備が認められNATOの枠内で軍事行使も許されている。また，NATO域外へのドイツ連邦軍が旧ユーゴスラビアへ派遣してから，現在ではアフガニスタン等へも派遣している。国際社会の一部の国では，軍隊を有さない国々も存在している。たとえば，コスタリカ憲法では，地域的集団安全保障制度か国防のために再軍備できるが，常備軍を禁止し警察隊を置くとしている。

しかし，憲法の規定で一切の戦争を放棄し交戦権を認めずかつ戦力を保持しない定めを有する憲法第9条は，きわめて貴重なものである。だからこそ，第9条を世界遺産にすべきだという主張もされているのである。

4 集団的自衛権をめぐる議論

最近，日本政府がこれまでの政府解釈（とくに内閣法制局の見解）を変更して，「集団的自衛権の行使」は可能であると閣議決定をした。これに対して，憲法

学者や元内閣法政局長官などは，厳しく批判し市民の批判が高まった。その結果，「集団的自衛権の限定行使」は容認されるという見解が政府によって唱えられた。

　国際法上，国家には「自衛権」が認められており，国家間の協定（条約）によって「集団的防衛」をすることは可能であろう。実際，日米安全保障条約は，日米間の「安全保障」を取り決めている。また，北大西洋条約機構（NATO）では，ヨーロッパの国が共同で「安全保障」にあたるシステムとなっている。ただし，憲法第 9 条では，「戦争放棄」「戦力保持の禁止」が定められていることから考えると，いわゆる「集団的自衛権」（実質的には集団的他国防衛権）は，憲法解釈で容認することは無理があろう。集団的自衛権行使（限定であろうが）を認めるためには，憲法第 9 条を変更することが必要である。

　しかし，2015年国会で集団的自衛権の限定的行使を認めることも含めた「集団安全保障法」が可決され施行されている。憲法研究者などは，この法律の問題点を指摘している。最近の事例で，自衛隊を「調査研究の目的」でイラン周辺へ派遣することを内閣（政府）が検討しているが，政府与党内や憲法研究者から批判の声があがっている。

参考文献
深瀬忠一『戦争放棄と平和的生存権』（岩波書店，1987年）
澤野義一『非武装中立と平和保障——憲法九条の国際化に向けて』（青木書店，1997年）
憲法研究所・上田勝美編『日本国憲法のすすめ——視角と争点』（法律文化社，2003年）
澤野義一・井端正幸・出原政雄・元山健編『総批判改憲論』（法律文化社，2005年）
加藤周一・浅井イゾルデ・桜井均編『憲法 9 条新鮮感覚——日本・ドイツ学生対話』（花伝社，2008年）
京都憲法会議監修／木藤伸一朗・倉田原志・奥野恒久編『憲法「改正」の論点——憲法原理から問い直す』（法律文化社，2014年）
水島朝穂『ライブ講義　徹底分析！　集団的自衛権』（岩波書店，2015年）
長谷部恭男編『検証・安保法案——どこが憲法違反か』（有斐閣，2015年）

第2章　基本的人権

▷キーワード▷▷▷

人間が人間として人間らしく生きていくために不可欠な権利・自由，社会的権力，人権の対権力性，近代市民革命と人権，外見的人権，現代的人権，人権の国際化，国家からの自由，国家による自由，国家への自由

1　人　権

1　人権の意味

　基本的人権＝人権とは何なのであろうか。日本国憲法では，たとえば表現の自由，思想・良心の自由，信教の自由，生存権，教育を受ける権利，労働基本権などを定めている。これらは，人権である。人権とは，人間が生まれながらにして有する権利であるとか人間にとって不可侵の権利である，と説明される。要するに，人権とは一言でいえば「人間が人間として人間らしく生きていくために不可欠な権利・自由」である。したがって，たとえば表現の自由が認められない生活は，人間が人間として人間らしく生きていける生活ではないのである。なお，人権はドイツをはじめ基本権と呼ばれることもある。

2　対権力性

　人権は，国家（公権力）に対して主張する国民・市民の権利である。すなわ

ち，国民・市民が国家（公権力）に対してなんらかの権利・自由を侵害しないようにあるいは保障するように主張することができるのである。このように人権は，対国家（対公権力）性を有する。人権の権利性は，まず対国家との関係で主張される。しかし，人権を侵害する者は国家（公権力）だけではなく，企業などの「社会的権力」も国民・市民の人権を侵害する存在である。企業による人権侵害，マスメディアによる人権侵害などが深刻化している状況を前提にすると，人権は対国家（公権力）との関係だけでなく，「社会的権力」との関係でも問題にしていかねばならない。要は，人権とは国家（公権力）のみならず「社会的権力」も含めた「権力」に対抗して主張するものである。そのことを人権の「対権力性」という。

2　人権の歴史と内容・分類

1　人権の歴史

①　近代市民革命と人権

　人権という考えに直接影響を与えたのは，ロック，ルソーやモンテスキューたちに代表される17，18世紀の近代自然権思想である。この思想によると人間は生まれながらにして権利を有していると考えるのである。そして，人間はどのような拘束も受けない自由な状態（＝自然状態）で存在し，ここでは人間は生命，自由，財産という人間に固有な権利＝自然権を有するのである。この自然権を保全するために，人間は社会契約を結び政治社会＝国家を形成する。このように自然権思想では，前国家的権利として人間の権利を想定していたのである。このような考えが開花したのが近代市民革命である。近代市民革命では，ブルジョアジー（市民）によって封建的な社会・制度・体制が一掃され資本主義的な経済関係を基礎にした政治社会・制度・体制が形成された。典型的な市民革命としてフランス革命がある。

　1789年に，バスチーユ牢獄が市民によって襲撃されてフランス全土に革命が波及した。そして，1792年に共和制が宣言された。この市民革命の過程で人権の考えが具体化された。例として，アメリカのヴァージニア権利章典（1776年）

では，「すべて人は生来ひとしく自由かつ独立しており，一定の生来の権利を有するものである。これらの権利は人民が社会を組織するにあたりいかなる契約によっても人民の子孫から奪うことのできないものである」と定められている。また，フランスの人権宣言（1789年）では，「人は自由かつ権利において平等なものとして出生し，かつ生存する。社会的差別は，共同の利益の上にのみ設けることができる」と定められている。

　このように近代市民革命で花開いた人権という考えは，次の特徴を有する。まず，人権は国家・政府からの自由として位置づけられた。すなわち，市民が自由に活動することを国家・政府が妨害してはならないという権利として位置づけられた。次に，人間には生まれながらにして自由，独立，平等が備わっているとされた。すなわち，人権は国家・政府ができる前から人間には備わっているという前国家的な権利としても位置づけられていた。

②　外見的人権

　しかし，19世紀から20世紀前半にかけては，自然権的な人権の考えは後退し「国民の権利」を保障するという憲法が多く制定された。その中身は，人権とは国家や君主によって認められた国民の権利または臣民の権利であり，議会（法律）によって保障された権利である，というものである。これは，「外見的人権」といわれている。プロイセン憲法を模範にした明治憲法（大日本国憲法）も「天皇主権」の下で国民の人権は「臣民の権利」とされた。そこでは，国民は天皇の臣民として天皇から権利を恵んでもらったということである。この時代は，権利はお上からの恩恵として恵んでもらっていたという意識が強く働いていた。

③　現代的人権

　このような「外見的人権」が見直されたのは第二次世界大戦後である。大戦中のファシズムによる未曾有の人権抑圧・侵害を教訓にしかつその反省のうえに立って，人権は，人間が人間であることに基づいて論理必然的に保障される権利である，とする自然権思想が復活したのである。それとともに人権の内容面でも，いわゆる現代的人権が登場し発展することになる。現代的人権には，生存権などの社会権がその中心として位置づけられる。資本主義憲法では1919

年のワイマール憲法で,「経済生活の秩序は, 人間に値する生存を保障する目的をもつ正義の原則に適合しなければならない」(第151条第1項) と定められているのが, 社会権規定の典型的なものである。生存権, 労働権, 教育を受ける権利などの社会権は, 第二次世界大戦後の各国憲法で定められるようになった。

このような社会権は, 資本主義社会の発展とともに貧富の差 (格差社会の拡大) が生じるなかで, 社会的経済的弱者を救済するために主張されるようになったものである。

④　人権の国際化

人権の歴史について語る最後に, 人権の国際化に触れておきたい。国民国家である近代国家において人権は, 国内的に保障されてきた。しかし, 人権思想の展開とともに人権を国内的に保障するだけでなく国際的にも保障しようとする動きが生じてきた。まず, 1948年に世界人権宣言が国連総会で採択された。次いで, 1966年に国連総会で国際人権規約 (経済的, 社会的および文化的権利に関する国際規約 = A規約と市民的および政治的権利に関する国際規約 = B規約から成る) が採択された。さらに, 女子差別撤廃条約 (1981年), 子どもの権利条約 (1989年), 障害者権利条約 (2006年) など人権にかかわるさまざまな条約が成立している。これらの条約は, 国際的なレベルで人権を保障することを目ざしたものである。このように人権は, 国家の枠組みを超えて国際的にも保障されるべきものになってきている。これが人権の国際化といわれる現象である。

2　人権の内容・分類

人権にはさまざまな内容・種類がある。権利の内容から分類するとおおよそ以下のような分類になる。→資料2-1

①　自由権＝国家からの自由

これは, 国家・政府が個人の領域へ介入・干渉することを排除して個人の自由な活動を保障する人権である。「国家からの自由」といわれるものである。人権体系の中心に位置づけられてきた人権である。その内容は, 精神的自由権, 経済的自由権, 人身の自由に分けられる。憲法では, 精神的自由権として

14

〈人権の分類〉

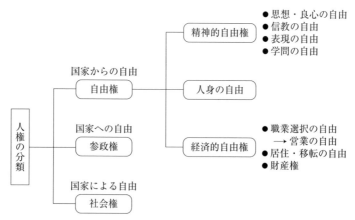

資料 2-1　出典：伊藤真『伊藤真の憲法入門——講義再現版』（日本評論社，1997年）87頁

挙げられるのは，思想・良心の自由（第19条），信教の自由（第20条），表現の自由（第21条），学問の自由（第23条）である。経済的自由権は，職業選択の自由（第22条），財産権（第29条）であり，人身の自由は奴隷的拘束および意に反する苦役からの自由（第18条），刑事手続に関する人身の自由（第33条以下）である。自由権は，これを根拠にして権利の実現を求めて裁判所に訴えることができる（＝訴求可能な）主観的権利である。

② 　社会権＝国家による自由

　これは，国家・政府に対してなんらかの配慮・積極的な施策を求める人権である。「国家による自由」といわれるものである。資本主義の発達により生じた問題（失業，貧困など）から社会的・経済的弱者を守るために保障されるようになった現代的な人権である。日本国憲法では，生存権（第25条），教育を受ける権利（第26条），労働権（第27条），労働基本権（第28条）が社会権に当たる。社会権は，この規定だけを根拠にして裁判所に訴えることができる主観的権利ではないとされる。立法を通して権利が具体化・実現されると考えられている。たとえば，生活保護法，国民年金法，雇用保険法などの社会立法により具体化・実現されるのである。

③　参政権＝国家への自由

　これは，国民が政治へ参加する権利である。国民の政治参加は，国民代表者を選出または代表者に選出されることや国民投票を通じて実現される。「国家への自由」といわれるものである。典型的なものとして選挙権・被選挙権（憲法第15条）があるが，憲法改正国民投票（第96条），公務就任権（第15条，第13条，第14条などで根拠づけられる）なども含まれる。

　これ以外に，④国務請求権（受益権）として請願権（第16条），裁判を受ける権利（第32条），国家賠償および補償請求権（第17条，第40条）があり，また人権の総則的権利として⑤包括的基本権（第13条），⑥法の下の平等（第14条）がある。以上の分類は，あくまでも相対的なものであるということに留意しなければならない。すなわち，人権分類の体系を絶対的なものと見なしてはいけない。人権のなかには，複合的な性格を有するものもある。たとえば新しい人権といわれる「知る権利」は，自由権という性格と社会権という性格も併有すると考えられる。また，社会権である生存権や教育を受ける権利の自由権的側面が語られることもある。

参考文献
東京大学社会科学研究所編『基本的人権 2　歴史 I』（東京大学出版会，1968年）
東京大学社会科学研究所編『基本的人権 3　歴史 II』（東京大学出版会，1968年）
有倉遼吉・長谷川正安編集代表／山下健次・隅野隆徳編『文献選集日本国憲法　基本的人権』（三省堂，1978年）
杉原泰男『人権の歴史』（岩波書店，1992年）
憲法理論研究会編『人権保障と現代国家』（敬文堂，1995年）
高見勝利編『人権論の新展開』（北海道大学図書刊行会，1999年）
『特集・人権論の原理と新展開』ジュリスト1244号，2003年

【復習問題】
＊人権の分類チェック
　　次のカッコに語句を入れなさい。
　　自由権＝（　　　　　　）
　　国家による自由＝（　　　　　　）
　　参政権＝（　　　　　　）

＊人権の歴史

　　次のカッコに語句を入れなさい。

　　ロック，ルソーなどが唱えた（　　　　　　　）思想が人権の萌芽である。

　　人権が開花発展したのは（　　　　　　）革命であり，その象徴は（　　　　　　）
　革命である。

第**3**章　死刑と憲法

▷キーワード▷▷▷

死刑執行命令書，刑罰の目的論，刑事政策的論点，被害者感情，誤判による死刑執行，生命権と死刑，国家による殺人？，死刑は残虐な刑罰か？，死刑廃止条約，ポスト死刑制度

1　日本の死刑制度

　日本には，死刑制度が存在する。ここでは，法的な面からこの制度がどのようなものなのか，死刑執行までにどのような手続が踏まれるのかなどを概観してみることにしたい。刑法第9条は，刑罰の種類として科料，拘留，罰金，禁錮，懲役とともに死刑を定めている。刑法第11条第1項は，死刑の執行方法として絞首刑を規定している。また監獄法第1条は，死刑囚の拘禁場所として拘置監としている。刑事訴訟法第475条第1項によると，死刑を執行するためには法務大臣の「死刑執行命令書」が必要である。この法務大臣の命令は，死刑判決が確定した日から6カ月以内に出されなければならない。ただし，再審請求などがあった場合にはその手続が終わるまで，この期間に算入しない（刑事訴訟法第475条第2項）。同訴訟法第476条は，法務大臣の命令から5日以内に執行されねばならないと定めている。

　この点に関して，2004年9月14日に死刑が執行された大阪教育大学附属池田

小児童殺傷事件の死刑囚の場合には，死刑判決確定（2003年9月26日）から1年以内の執行でありきわめて異例であった。1999年から2003年までに死刑が執行された13人についてみると，12人は死刑確定から4〜8年後の執行，1人は最高裁で確定後18年経過してからの執行であった。

　このように日本では，刑法・刑事訴訟法などで死刑制度が定められている。この制度をめぐっては存続論・廃止論というきびしい対立がある。また，1990年から1993年3月末までのおよそ3年3カ月にわたり死刑囚の死刑が執行されなかった時期があった。その理由は，その当時の法務大臣が死刑執行命令を出さなかったからである。その背景には，1989年に国連総会で死刑廃止条約が採択されたという国際的な要因や法務大臣の間でも死刑制度に対する根本的な疑問が存在していたことが挙げられる。国会議員のなかにも超党派で死刑廃止を目ざす議員連盟が結成されている。1993年3月末に3人の死刑囚の死刑が執行されたことをうけて死刑制度をめぐる議論は再熱し，その後死刑執行は現在に至るまで続いている。とくに2007年以降，鳩山郁夫法務大臣になってから死刑執行が加速されていった。

　また，千葉法務大臣は，2008年7月に死刑を執行して「死刑制度」に関して国民的議論をすることを提言した。その後，一定期間死刑が執行されない期間があったが，再度2012年に執行が再開されて議論が巻き起こっている。さらに，2018年7月にはオウム真理教関連の死刑囚が6日に7人，そして6人が26日に同時に死刑執行された（1カ月以内に13人の死刑執行がなされたこととなる）。

2　死刑制度をめぐる論点

1　一般的論点

　これには，刑事政策的な論点や刑罰の目的論などがある。以下，それぞれの論点を簡単に紹介したい。

①　刑罰の目的論

　刑罰は，そもそも何のために科せられるのかをめぐっておおまかにいうと2つの考え方がある。罪を犯した者はその犯した罪を償わなければならない，し

たがって刑罰は罪を償わせるために科せられるとする応報刑という考え方が1つ目である。応報刑の立場からは，人の命を奪った者は自己の命で償わなければならないということにも結びつくことになる。よって，死刑制度も正当化されることになる。ただし，命をもって償うことしかできないのか，生きて償うことができるのかまたは償うべきなのか，議論が分かれるところである。

　2つ目の考え方は，刑罰は犯罪者を教育改善して社会に有用な人間に改造し，最終的には社会に復帰させることを目的にしている，とする教育刑である。近年，修復的司法という考え方も唱えられている。加害者と被害者および遺族との対話を通して問題解決を図ろうとする手法である。これまでは，加害者・犯罪者を罰する（刑を科す）という側面に重点が置かれてきたが，加害者の矯正・更正をいかに実現していくのか，そのうえで加害者と被害者および遺族が向き合って対話を通じて問題解決をしていこうとするものである。

　教育刑の立場では，犯罪者を教育改善する余地をなくしてしまう死刑制度には消極的になることが帰結される。刑罰には，応報刑という側面があることには異論がないであろう。したがって，応報刑か教育刑かどちらにウエイトを置いて考えるかにより死刑制度存続か廃止かが導き出されやすいことになるであろう。

②　刑事政策的論点

　これは，死刑制度には（凶悪な）犯罪を抑止する機能があるのかどうかという論点である。抑止機能を強調する立場からは，刑事政策として死刑制度を存続させることが正当化される。すなわち，死刑という刑罰は，処刑（死）に対する恐怖によって凶悪な犯罪をしようとする者を躊躇させる。場合によっては死刑の存在自体が凶悪な犯罪をしようとする者に対して心理的なプレッシャーになるという。この立場では，死刑制度と犯罪発生率・犯罪抑止との間に相当な因果関係を認めることになる。

　これに対して，統計上死刑制度と犯罪発生率・犯罪抑止効果との間には因果関係が認められないとする研究もある。さらに，最近主張されている説によると，死刑制度は犯罪を抑止するどころかより一層犯罪を残忍化させるという。死刑制度と犯罪抑止力との因果関係を科学的客観的に立証したデータは，いま

のところ存在していない。近年では，自殺ができないから殺人をして死刑になりたいとか，どうせ死刑になるのだから何人殺しても構わないという犯行も起こっている。このような犯行に鑑みると死刑制度が凶悪な犯罪を抑止するのに有効か疑問といわざるをえない。このようなことからも，死刑制度廃止論からは死刑制度の犯罪抑止力に対する疑問が提示される。

③ その他の論点

死刑制度存続論からよく主張されることは，被害者の遺族の心情を満足させるためにも死刑制度は必要であるという点である。身内を殺された遺族にとって，加害者がそのまま存在することを許さないという感情を抱くことは想像できるであろう。そのような被害者感情を満たすためにも死刑制度は，必要であるということになる。

これに対して，死刑制度廃止論からの反論は以下のようなものになる。被害者家族のこのような心情は客観的に証明できるのであろうか。もし無実の者が処刑されたならそれによって被害者の家族は満足するのであろうか。精神的・経済的に被害者家族をどう救うのか，被害者遺族のケアが重要なのではなかろうか，等の反論が提起される。

死刑制度廃止論が強調する論点として，誤判により無実の者が処刑されたら取り返しがつかないという点がある。裁判は人が行なう作業なので誤る可能性がある。過去にも何度となく死刑囚の無実が証明された冤罪事件が起こっている。たとえば，免田，財田川，松山，島田の各事件では，死刑囚が再審無罪となっている。冤罪の場合にいったん死刑が執行されてしまうと取り返しがつかないことになる。

これに対する反論としては，次のようなことである。誤判は死刑だけに生じる問題ではない。誤った裁判の可能性は否定されない。だからこそ誤判を生まないようにより一層慎重な手続で裁判が行なわれることが必要である。誤判の可能性を死刑制度の廃止まで結びつけるべきではない，という反論がなされる。

2009年から導入されている裁判員制度では，「死刑判決」にも関与する重大な刑事裁判が対象となっている。実際に，裁判員が死刑判決に関与している。

2　憲法上の論点

憲法上の論点に関して，主に憲法上の論点として以下のことが挙げられる。

①　憲法第13条（個人の尊重，生命権）に反しないか

死刑制度は，憲法第13条が保障している「個人の尊重」「生命に対する権利＝生命権」を侵害しないのか。凶悪な犯罪をした加害者でも，人間（個人）として尊重されねばならないし，生命権を有している。かつて，死刑制度が憲法第13条に反して違憲かどうかが争われたとき，最高裁は「生命は尊貴である。1人の生命は，全地球よりも重い」と述べた（最大判1948年［昭和23年］3月12日刑集2巻3号191頁）。しかし，結論は「公共の福祉という基本的原則に反する場合には，生命に対する国民の権利といえども……剥奪される」という理由で合憲であるとした。

この論点については，一方で加害者の人権（生命権）があり，他方で被害者の人権（生命権）があるという点が見逃せないであろう。被害者の生命を奪った者（加害者）に「生命権」が保障されるのかどうか，きわめてむずかしい問題である。他人の生命を奪った者には，「生命権」が保障されるべきでないという見解もあろうし，いくら他人の生命を奪った者でも「生命権」は保障されるべきであると主張することも可能であろう。

②　憲法第31条との関係

死刑制度廃止論から主張される論拠の1つに，「死刑制度は国家による殺人である」というものがある。国家は犯罪者といえども人の生命を奪う権限があるのかどうか。憲法第31条では，「何人も，法律の定める手続によらなければ，その生命若しくは自由を奪はれ，又はその他の刑罰を科せられない」と定められている。この条文を裏から読むと，法律の定める手続によれば人の生命を奪う刑罰も科すことができる，ということになる。前述の最高裁判決も，「憲法31条によれば，国民個人の生命の尊貴といえども，法律の定める適理の手続によって，これを奪う刑罰を科せられる」と述べている。この憲法第31条から死刑制度の可能性自体を否定することは困難であろう。しかし，死刑制度を積極的に認める条文であるともいいきれないであろう。

③ 死刑は残虐な刑罰に当たらないか（憲法第36条との関係）

憲法第36条は，「公務員による拷問及び残虐な刑罰は，絶対にこれを禁ずる」と規定している。死刑という刑罰は，残虐な刑罰にあたるのかどうか。前述の最高裁判決は，「刑罰としての死刑そのものが，一般に直ちに同条にいわゆる残虐な刑罰に該当するとは考えられない。ただ死刑といえども，……その執行方法等がその時代と環境等において人道上の見地から一般に残虐性を有すると認められる場合には」憲法第36条に違反するとしている。また別の最高裁判決は，残虐な刑罰とは「不必要な精神的，肉体的苦痛を内容とする人道上残酷と認められる刑罰」であるとする（最大判1948年［昭和23年］6月30日刑集2巻7号777頁）。

最高裁の見解によると，死刑制度そのものは残虐だとはいえないが，執行方法が人道上の見地から残虐な場合（たとえばはりつけ，火あぶり，さらし首，釜ゆで等）には，憲法上許されないということになる。現在行なわれている絞首刑は，残虐な執行方法ではないということになる。しかし，死刑制度自体が残虐な刑罰に当たるのではないか，あるいは絞首刑は本当に残虐ではないのか，等については批判がなされている。

最近の事例でも，絞首刑が憲法第36条に違反するのではないのかどうか争われたものがある。朝日新聞2012年8月12日記事によると，大阪地裁は，絞首刑は合憲だと判示したが「絞首刑は前近代的な側面があり最善かどうか議論がある」と判決で触れている。→資料3-1

3　死刑に代替すべき制度

1　死刑廃止条約

欧米諸国では，死刑が廃止される傾向にある。ヨーロッパでは，とくに1970年代以降死刑を廃止する国が増加し1981年にフランスが死刑を廃止して，ほぼすべての国で死刑が廃止されている。アムネステイ・インターナショナル日本支部の資料によると，2018年現在で，全面的に死刑を廃止している国106カ国，通常犯罪のみ廃止している国8カ国，事実上の死刑廃止国28カ国の計142カ国が廃止国であり存置国は56カ国である。→資料3-2

1989年12月国連総会で「死刑廃止条約」が採択された。この条約は，正式には「死刑廃止をめざす市民的及び政治的権利に関する国際規約の第二選択議定書」という。欧州や中南米諸国を中心に賛成55，日本，アメリカ，中国などを中心に反対28，棄権45で採択された。

11条から成るこの条約は，第１条でこの選択議定書の締約国の管轄内にある何人も死刑を執行されない，締約国はその管轄内において死刑を廃止するために必要なあらゆる措置をとる，と規定している。この条約は，1991年７月11日に発効している。このように世界の１つの大きな流れとして死刑廃止が位置づけられるであろう。欧州で死刑廃止への流れをもたらした潮流のなかから次のような示唆に富む指摘がなされている。

第１に死刑廃止はその抑

絞首刑は残虐なのか

死刑執行方法　法務省で検討

首に縄をかけて命を絶たせる絞首刑。法務省でいま，薫実法相と政務三役が，別の方法に変えるかどうかの検討を進めている。「薫動投与などの方法より残虐だ」という指摘があるため，明治時代から130年以上も続いてきた刑は見直されるのか。

🔑 日本の絞首刑

刑法11条は「死刑は刑事施設内で絞首して執行する」と定める。江戸時代によく用いられていた方式の絞首刑が導入され，現在まで続く。「はりつけ」や「のこぎりびき」などの方法があったが，近代化を目指した明治政府がそれらの刑罰を廃止。1873年の太政官布告で，当時ヨーロッパで採用されていた方式の絞首刑が導入され，1955年まで続く大法廷判決で「人道上，残虐として禁止される理由は認められない」として合憲と判断している。

「具体的な方向性を検討しているわけではない」。情氏が存続の廃止かどうかを検討する省内勉強会を設置した。だが，小川敏夫前法相が昨年３月に死刑執行を打ち出し，１年８カ月ぶりの死刑執行。後任の法相もこの流れを追認した。

初の法廷となった千葉県の死刑判決であり，苦痛を感じない，とき放火殺人事件の裁判であり，苦痛を感じないとき論され，自殺の事例に詳しい海外の法医学者らを証人に呼び合意と判断したが，三役会議が続けている。背景には，民主党政権の死刑判決に関わる裁判員制度が導入され，死刑のあり方への関心が高まっていることがある。「すぐに意識を消失断される」と報じられた例があり，弁護団は「激しい肉体的な損傷と激痛が伴う」と反論。「前近代的な側面がある」と説明する。

死刑判決に関わる裁判員制度が導入され，死刑のあり方への関心が高まっているび，「落下した衝撃で首がある」とも言及した。「頭部が部分的に切断される」と報じられた例がある。日本では，1889年に現状を調査しているが，薬物注射では失敗例の報告もあるという。米国では絞首刑から電気椅子やガス室での死刑に移った。大阪の裁判で弁護人を務める資料を明らかにした。外国の事例も詳しく調べ，医学的にも検証しなければいけない。」と語る。

立ち会った元検事

元最高検検事で筑波大名誉教授の土本武司氏(77)は1970年ごろ，検察官として絞首刑の執行に立ち会った。

「刑場に入ると，手に数珠を持った宗教者の『教誨師』が死刑囚が連れられて開いた。その直後に「ギュー，バタン」という大音響が響き，刑場の踏み板が開いた。カーテンが開けられると，首にロープがかかった状態の死刑囚がゆらゆらと揺れていた。

「正視に堪えなかった」

布をかけられて両手を縛られた死刑囚が執行場所に向かう姿が見える。

土本氏は死刑制度には賛成の立場だ。それでも「現在の絞首刑は残酷すぎる面がある」と話す。

市民も死刑に関与する法的義務を負う以上は，「死刑の実態を国民全体に知らなくてはいけない」

扉を破っていた。「絶感つ」とは，らくして医務官が叫んだという。「わずか数分身まで温かく，自分の足で歩いた人間が，ローブにつるされて揺れている状態は正視に堪えなかった」と話す。「現在の絞首刑は残酷すぎる面がある」と話す。

椅子やガス室での死刑に移い」と語る。

資料3-1　出典：朝日新聞2012年8月12日

〈死刑廃止国・存置国〈2018年12月31日現在〉〉

●すべての犯罪に対して廃止：106カ国
（刑罰として死刑がない）
アルバニア，アンドラ，アンゴラ，アルゼンチン，アルメニア，オーストラリア，オーストリア，アゼルバイジャン，ベルギー，ベナン，ブータン，ボリビア，ボスニア・ヘルツェゴビナ，ブルガリア，ブルンジ，カンボジア，カナダ，カーボベルデ，コロンビア，コンゴ共和国，クック諸島，コスタリカ，コートジボワール，クロアチア，キプロス，チェコ共和国，デンマーク，ジブチ，ドミニカ共和国，エクアドル，エストニア，フィンランド，フィジー，フランス，ガボン，ジョージア，ドイツ，ギリシャ，ギニア，ギニアビサウ，ハイチ，バチカン，ホンジュラス，ハンガリー，アイスランド，アイルランド，イタリア，キリバス，キルギス，ラトビア，リヒテンシュタイン，リトアニア，ルクセンブルグ，マケドニア，マダガスカル，マルタ，マーシャル諸島，モーリシャス，メキシコ，ミクロネシア，モルドバ，モナコ，モンゴル，モンテネグロ，モザンビーク，ナミビア，ナウル，ネパール，オランダ，ニュージーランド，ニカラグア，ニウエ，ノルウェー，パラオ，パナマ，パラグアイ，フィリピン，ポーランド，ポルトガル，ルーマニア，ルワンダ，サモア，サンマリノ，サントメ・プリンシペ，セネガル，セルビア（コソボを含む），セイシェル，スロバキア，スロベニア，ソロモン諸島，南アフリカ，スペイン，スリナム，スウェーデン，スイス，東ティモール，トーゴ，トルコ，トルクメニスタン，ツバル，ウクライナ，イギリス，ウルグアイ，ウズベキスタン，バヌアツ，ベネズエラ

●通常犯罪のみ廃止：8カ国
（軍法下の犯罪や特異な状況における犯罪のような例外的な犯罪にのみ，法律で死刑を規定）
ブラジル，ブルキナファソ，チリ，エルサルバドル，グアテマラ，イスラエル，カザフスタン，ペルー

●事実上廃止：28カ国
（殺人のような通常犯罪に対して死刑制度を存置しているが，過去10年間に執行がなされておらず，死刑執行をしない政策または確立した慣例を持っていると思われる国。死刑を適用しないという国際的な公約をしている国も含まれる。）
アルジェリア，ブルネイ，カメルーン，中央アフリカ共和国，エリトリア，ガーナ，グレナダ，ケニア，ラオス，リベリア，マラウイ，モルディブ，マリ，モーリタニア，モロッコ／西サハラ，ミャンマー，ニジェール，パプアニューギニア，ロシア，シエラレオネ，韓国，スリランカ，スワジランド，タジキスタン，タンザニア，トンガ，チュニジア，ザンビア

法律上・事実上廃止：142カ国

●存置：56カ国
アフガニスタン，アンティグア・バーブーダ，バハマ，バーレーン，バングラデシュ，バルバドス，ベラルーシ，ベリーズ，ボツワナ，チャド，中国，コモロ，コンゴ民主共和国，キューバ，ドミニカ国，エジプト，赤道ギニア，エチオピア，ガンビア，ガイアナ，

インド，インドネシア，イラン，イラク，ジャマイカ，日本，ヨルダン，クウェート，レ
バノン，レソト，リビア，マレーシア，ナイジェリア，北朝鮮，オマーン，パキスタン，
パレスチナ，カタール，セントクリストファー・ネイビス，セントルシア，セントビンセ
ント・グレナディーン，サウジアラビア，シンガポール，ソマリア，南スーダン，スーダ
ン，シリア，台湾，タイ，トリニダード・トバゴ，ウガンダ，アラブ首長国連邦，米国，
ベトナム，イエメン，ジンバブエ

資料3-2　出典：アムネスティ・インターナショナル日本支部ウェブサイト

止力に対する疑念の高まりを重大な要因としてもたらされ，また実際にも死刑
の廃止は凶悪犯罪の増加をもたらさなかった。第2に死刑の廃止は人権を擁護
する主張の高まりによってもたらされたということができる。とくに生命権と
死刑とが両立しないことが認識された。第3に死刑が廃止されることによって
死刑を支持する世論が減少した。第4に死刑存続か廃止かをめぐる議論が本格
的に行なわれることにより，死刑廃止論の論拠が正当に理解されるようになっ
た。

　フランスでは，世論調査では死刑存続がかなり多かったにもかかわらず，時
のミッテラン政権は死刑廃止を提起し，国会で承認されたのである。ここに
は，民主主義と世論にかかわるきわめて興味深い点が横たわっている。日本で
は，死刑に関して法務省がとっている秘密主義も要因で，なかなか死刑制度を
めぐって正当な議論ができにくい状況がある。また，凶悪な犯罪が発生する
と，死刑判決が当然だという方向へ世論が誘導されやすい。死刑に関する情報
が十分に公開され冷静な議論がされることが求められるであろう。

2　ポスト死刑制度

　仮に死刑制度が廃止されるとするならば，死刑に代替すべき制度はどのよう
なものなのだろうか。実際に死刑を廃止した国の制度を参考にしながら考えて
みよう。ほとんどの廃止国では，死刑に次いで重い刑（終身刑，無期懲役刑・無
期禁錮刑）を最高刑として死刑制度に代替する制度として採用している。これ
には，理論的には仮釈放（仮出獄）を伴うものと伴わないものに分かれる。し
かし，実際には，ほとんどの国では仮釈放つきである。死刑制度は廃止される

べきであるがこの仮釈放制度がある限り廃止論に賛成することができない，という意見も根強くある。死刑存続論と廃止論とがどこまで歩み寄れるかは，今後死刑廃止へ向けたプロセスできわめて重要なポイントである。

　この点に関して，死刑執行を当面停止し仮釈放の伴わない終身刑を採用すべきであるという提案がなされている。また，国会で死刑廃止議員連盟も死刑の執行を停止し死刑の代替刑として実質的な終身刑（仮釈放のない重無期刑）を設ける法案を検討している。このような案は，現実的な妥協点を見いだせるものであると考えられる。

　最近の例では，韓国では2001年に死刑廃止法案が国会に提出され，また10年以上にわたり死刑の執行が停止されている。国連規約人権委員会は，すでに1998年に日本に対して死刑の廃止と死刑囚の処遇の改善を勧告している。2007年12月に国連総会で「死刑執行停止決議」が採択されたが，2018年12月に7度目の「死刑執行停止決議」が国連総会で採択された。国連加盟国193カ国中，121カ国が賛成，35カ国が反対，32カ国が棄権した（アムネスティ日本の最新の死刑統計より）。EUは，死刑が執行されるたびに日本政府に対して，「死刑の執行を停止して死刑制度に関して議論すること」を強く求めている。また，2016年日本弁護士連合会は，「死刑制度の廃止を含む刑罰制度全体の改革を求める宣言」を採択した。また，死刑制度に代わるものとして「終身刑」の導入を提案している。

　このようなことも踏まえて，国民の間で死刑制度について冷静でかつ正当な議論が展開されることが期待される。

参考文献

朝日新聞死刑制度取材班『死刑執行』（朝日新聞社，1993年）

辻本義男『死刑論』（中央学院大学アクティブセンター出版編集部，1994年）

平川宗信「死刑制度と憲法理念（上）（下）」ジュリスト1100号，1996年，63頁以下，1101号，1996年，73頁以下

土本武司「存廃論の合意点を探る」法律時報69巻10号，1997年，23頁以下

佐々木光明「死刑，考えるための素材を！」法学セミナー509号，1997年，72頁以下

団藤重光『死刑廃止論〔第六版〕』（有斐閣，2000年）

年報・死刑廃止編集委員会編『死刑廃止法案　年報・死刑廃止2003』（インパクト出版会，

　　2003年）

高橋則夫『修復的司法の探求』（成文堂，2003年）

石塚伸一「死刑をめぐる新たな動き──法務大臣！日本は孤立しています！」法律時報79
　　巻13号，2004年，１頁以下

菊田孝一『Q&A　死刑問題の基礎知識』（明石書店，2004年）

日本弁護士連合会編『死刑執行停止を求める』（日本評論社，2005年）

森達也『死刑──人は人を殺せる。でも人は，人を救いたいとも思う。』（朝日出版，2008年）

読売新聞社会部『死刑』（中央公論新社，2009年）

https://www.amnesty.or.jp/human-rights/topic/death_penalty/statistics.html（2019年10月
　　17日アクセス）

【復習問題】

＊死刑制度

　　次の（　）に語句などを入れなさい。

　　日本の死刑制度は，（　①　）で定められている。執行方法は，（　②　）刑である。執行されるまでのプロセスは，（　③　）で定めている。それによると，死刑判決確定後（　④　）以内に法務大臣による（　⑤　）が下され，下されてから（　⑥　）以内に執行される。

＊刑罰の目的

　　死刑制度をめぐる議論には，刑罰の目的をめぐるものがある。

　　どういう内容か。ヒント：応報刑，教育刑

＊憲法と死刑制度

　　死刑制度をめぐる憲法上の論点を３つ書きなさい。

　　憲法13条

　　憲法31条

　　憲法36条

第 **4** 章　性的自己決定権と法

▷キーワード▷▷▷

性的自己決定権，憲法第13条（人格的自由，個人の尊重），刑法第176条（強制わいせつ罪），刑法第177条（強制性交等罪），憲法第14条（男女平等），強制性交等罪成立要件，セカンド・レイプ（二次被害），夫婦間での強制性交等罪，性的交渉要求権，同性婚

1　性的自己決定権

　われわれには，自己の問題について自分で決定し，その決定に基づいて行動する権利＝自己決定権が保障されている。性に関する問題について，自分で決定することができる権利が性的自己決定権である。性的自己決定権は，個人の人格的自由・権利の1つである。すなわち，個人が誰とどのように付き合い，どのような性的関係を結ぶのかを自由に決定する権利が，性的自己決定権である。この権利は，人間の基本的な営みにかかわるものであり，表現の自由や思想の自由などとともに基本的人権として位置づけられる。すなわち，人間が個人として尊重され人間らしく生きるために必要である人格的権利・自由の1つとして性的自己決定権が位置づけられる。この権利は，憲法第13条から導き出されると解されている。

　性的自己決定権は最大限保障されねばならないのであり，それに対する侵害は，性犯罪（性暴力）として刑法によって処罰される。刑法は，暴行または脅

迫という手段により他人の性的自己決定権を侵害する行為を強制わいせつ罪
（第176条），強姦罪（第177条）として処罰の対象にしていた。強制わいせつ罪は，
13歳以上の男女（13歳未満も同様）に対してわいせつな行為をした者は6カ月以
上10年以下の懲役に処せられる。強姦罪の場合は，13歳以上の女子（13歳未満
も同様）に対して姦淫した者は3年以上の有期懲役に処せられるとしていた。
しかし，2017年7月に刑法改正により「強姦罪」から「強制性交等罪」（第177条）
に変わった。主な改正点は，性別に関係なく「強制性交等罪」の対象になる，
刑罰は懲役5年以上の有期懲役と重罰化した，この犯罪に該当する範囲が広
がったこと（たとえばオーラルセックスやアナルセックスも対象となる）などである。
→資料4-1，4-2

　2017年までは，強制わいせつ罪の場合は，男女が被害者となるが，強姦罪の
場合には女性だけが被害者であった。強姦罪では，男性は被害者となりえない
のかが問われてきた。女性の性的自己決定権に対する侵害行為は，男性の性的
自己決定権に対する侵害行為よりも重い処罰が科せられていた。このような判
断は，憲法第14条の男女平等原則に反しないのであろうか。この点について最

〈刑法の性犯罪規定〉

	改正前	改正後
刑法第176条（強制わいせつ罪）	13歳以上の男女に対し，暴行又は脅迫を用いてわいせつな行為をした者は，6月以上10年以下の懲役に処する。13歳未満の男女に対し，わいせつな行為をした者も，同様とする。	13歳以上の者に対し，暴行又は脅迫を用いてわいせつな行為をした者は，6月以上10年以下の懲役に処する。13歳未満の者に対し，わいせつな行為をした者も，同様とする。
刑法第177条（強制性交等罪）	暴行又は脅迫を用いて13歳以上の女子を姦淫した者は，強姦の罪とし，3年以上の有期懲役に処する。13歳未満の女子を姦淫した者も同様とする。（旧強姦罪）	13歳以上の者に対し，暴行又は脅迫を用いて性交，肛門性交又は口腔性交（以下「性交等」という。）をした者は，強制性交等の罪とし，5年以上の有期懲役に処する。13歳未満の者に対し，性交等をした者も同様とする。

資料4-1　出典：特定非営利活動法人性暴力救援センター・大阪SACHICO編『性暴力被害者の法的支援──性的自己決定権・性的人格権の確立に向けて』（信山社，2017年）123頁より筆者作成

高裁は，男女両性の体質，構造，機能などの生理的，肉体的等の事実的差異に基づきかつ実際上強姦が男性により行なわれる，等の理由で合理的な区別であるとしていた（最大判1953年［昭和28年］6月24日刑集7巻6号1366頁）。

しかし，前述したように2017年7月から「強制性交等罪」は，性別に関係なく適用されることになった。

2 性犯罪と法

1 性犯罪の状況と問題点

犯罪白書によると日本の性犯罪発生率は，統計上欧米諸国と比べてきわめて低いとされ，平均年間1000件〜1200件前後ほどの強姦事件が発生している。日本は，犯罪発生率自体が低い安全な国であると考えられているので，このような結論が出ても不思議ではないかもしれない。しかし，本当に性犯罪の発生率は低いのであろうか。これには，疑問が投げかけられている。警察に届けられない性犯罪事件の数の多さ，幼児への性的虐待がそれほど顕在化しておらず，そのような性犯罪や性暴力が統計に表われていないことが，指摘されている。実際上は，統計で表わされている数は氷山の一角に過ぎないことになるであろう。

性犯罪（性暴力）は刑法によって処罰される。この点に関する問題点について，強制性交等罪を取り上げて述べていきたい。まず，強制性交等罪が成立する要件がかなり厳しいことが挙げられる。刑法第177条では，「暴行又は脅迫を用いて」という要件を定めている。この要件に関して判例は，かなり厳しい解釈をしている。すなわち，この罪が成立するためには「相手の反抗を著しく困難にする程度のものを要する」としている（最決1949年［昭和24年］5月10日刑集3巻6号711頁）。

したがって，被害者が暴行・脅迫を用いられて性的自己決定権を侵害されたとしても，反抗を著しく困難にする程度に達していないと判断されたときには旧強姦罪（強制性交等罪）が成立しない，ということになってしまう。すなわち，被害者がかなり激しい抵抗をしたと見なされなければ，合意があったもの

〈不同意性交罪〉
■2017年刑法改正のポイント

	旧	新
罪　　名	強姦罪	強制性交等罪
加害者	男	性別不問
被害者	女	性別不問
行　　為	姦淫（男性器を女性器に挿入）	性交・肛門性交・口腔性交（男性器を女性器・肛門・口腔に挿入）
法定刑	3年以上の懲役	5年以上の懲役・強盗罪と同等に
告　　訴	必要	不要
監護者わいせつ罪	無し	同居親などから18歳未満の子に対する性的行為は暴行脅迫無くとも犯罪（179条に新設）
強姦後に強盗する罪	無し・併合罪で法定刑上限は有期懲役	強盗後に強姦する罪（241条）と同等に処罰・法定刑上限は無期懲役

■刑法に残る課題と，課題へのおもな批判

残る課題	課題へのおもな批判
暴行脅迫要件の緩和・撤廃	事実認定の困難さ
性交同意年齢の引上げ	条例で対応
夫婦間強姦の明文化	条文に含意
公訴時効の停止・廃止	証拠散逸のおそれ
刑法体系上の位置付け変更	変更必要性に乏しい

資料4-2　出典：三成美保・笹沼朋子・立石直子・谷田川知恵『ジェンダー法学入門〔第3版〕』（法律文化社，2019年）105頁

〈不同意性交罪の立法例〉

「欧州の人権機関の調査では，欧州の女性20人に1人，約900万人が強かんされた体験を持つ。一方で，アムネスティが欧州31カ国を対象に実施した調査では，同意のない性行為を強かんと定義する国は，アイルランド，英国，ベルギー，キプロス，ドイツ，アイスランド，ルクセンブルグ，スウェーデンの8カ国に過ぎない。他の23カ国は，暴力や脅しなどの強要がなければ，強かんとみなさない。…法改正は，強かん犯罪に対処する上で不可欠な第一歩だ。しかし，強かんを無くすには，それだけでは不十分だ。多くの被害者は，社会の偏見や非難にさらされる。その非難の言葉はしばしば，被害者に手を差し伸べるべき警察や検察官から浴びせられる。…欧州各国は，法を改正し，被害者への批判や当局の女性軽視に，断固立ち向かうべきである。さもなければ，被害女性が後ろめたい思いをせず，加害者は必ず処罰されると信じられる社会は実現しない。」

資料4-3　出典：アムネスティ・インターナショナル 2018年12月6日 https://www.amnesty.or.jp/news/2018/1206_7797.html

と推定されてしまう可能性がある。このような厳しい解釈が緩和されることが求められるであろうし、「暴行・脅迫」という要件を削除すべきであるという見解も有力になっている。欧州のいくつかの国では、単に「同意」があったかどうかによって性犯罪が成立するかどうか判断されている。また、2000年までは、性犯罪に関して6カ月の告訴期間が存在した。被害者が犯人を知りえた日から6カ月以内に告訴しないと刑事事件にはならなかったのである。→資料4-3

　次に、被害者が事情聴取や法廷あるいはマスメディアの報道で忌まわしい過去を再現させられることの問題点がある。セカンド・レイプ（二次被害）ともいわれるような興味本位な扱いも指摘されている。被害者は、過去の性体験やプライバシーを暴露され精神的にひどく傷つけられ人格を傷つけられるのである。このようなことが、被害者をして泣き寝入りさせることにもなってしまうのである。事情聴取・法廷・マスメディアの報道といったすべての段階で、被害者のプライバシーや人格を保護することが強く要請される。

2　被害者の視点と法

　性犯罪も含めた犯罪における問題では、被害者の視点から考察されねばならない。すなわち、被害者の人格・プライバシーを尊重して事情聴取が行なわれなければならないし、法廷での質問がなされなければならない。またマスメディアは、興味本位的な報道をすべきではない。さらに、被害者の精神的なダメージや経済的な問題がケアされねばならない。このような被害者の視点や被害者保護に関する法律には、「犯罪被害者等の給付金の支給等に関する法律」や2000年5月に公布された「犯罪被害者等の保護を図るための刑事手続に付随する措置に関する法律」「刑事訴訟法及び検察審査会法の一部を改正する法律」がある。そして2004年12月に「犯罪被害者基本法」が成立した。「すべて犯罪被害者は個人の尊厳が重んぜられ、その尊厳にふさわしい処遇を保障される権利を持つ」と犯罪被害者の権利を明記している。

　性犯罪に関しては、加害者の再犯発生率がきわめて高いとされている。再犯防止のために何をすべきか大きな課題となっている。また、いわゆる強姦神話が根強く残っている。強姦神話とは、性犯罪に関して真実ではないのに真実で

あると信じ込まれてきた偏見である。たとえば，性犯罪被害者に対して，「夜独り歩きをしているから性犯罪に会うのだ」「被害者にも落ち度がある」「異性を挑発するような服装をしているから襲われるのだ」という批判・非難が投げかけられることである。このような言説は，根拠のない偏見である。→資料4-4

3　夫婦間での強制性交等罪

　強制性交等罪をめぐって近年検討を迫られているテーマの1つに，夫婦間でのその犯罪が成立するのかどうかという問題がある。女性（妻）の性的自己決定権は，夫婦間でも保障されるのかどうか。

　改正前刑法第177条は，被害者として「女子」としていただけである。この条文によると，もちろん既婚女性であろうが未婚女性であろうが被害者になりうる。ただ，この条文からは夫が加害者になるのかどうかは定かでない。しかし，（法律婚をした）夫婦間の強制性交等罪の成立を否定するのが一般的見解であった。その理由として挙げられるのは，夫婦は相互に性的交渉を求める権利があり，それに対応して性的交渉に応

〈強姦事件における暴行時の状況，被害者の選定理由〉

1．被害者から見た犯人が行った暴行
（複数回答，上位5位まで）　　単位：%

むりやり体をおさえつけられた	74.5
「さからったら殺すぞ」「おとなしくしろ」等と言葉で脅かされた	61.8
相手の体が大きいので（相手の力が強いので），逆らえないと思った	48.2
殴ったり蹴ったりされた	29.1
その他の言葉による脅しを受けた	26.4

2．被害者の抵抗
（複数回答，上位5位まで）　　単位：%

やめてくれと加害者に頼んだ	62.7
必死で自分を守った	38.2
必死で相手を攻撃して抵抗した	35.5
何もできなかった	33.6
大声で助けを求めた	30.9

3．犯人が被害者を選んだ理由
（複数回答）　　単位：%

届け出ない	44.8	前からつけ回し	12.1
おとなしそう	28.1	好みのタイプ	10.7
警察沙汰でない	26.3	1人住まい	8.5
1人で歩いている	22.1	親しい間柄	5.7
相手が納得	16.4	挑発的な服装	4.6
スキが見える	16.0	以前に性関係	3.6
誰でも良い	15.3	仕返し	2.1
弱そう	15.3	性産業の従事者	0.7

資料4-4　出典：三成美保・笹沼朋子・立石直子・谷田川知恵『ジェンダー法学入門〔第3版〕』（法律文化社，2019年）107頁

じる義務がある，ということである。つまり，夫婦間では女性（妻）の性的自己決定権は保障されないということになる。

　これに対しては，次のような疑問が提起される。そもそも夫婦間で性的交渉を要求する権利・性的交渉に応じる義務があるのかどうか。またこのような権利があるとしても，それははたして女性（妻）の性的自己決定権に優越するものなのかどうか。

　一般的見解の立場によると，性的交渉は婚姻の本質的要素であるとか，婚姻は性的交渉を行なう権利を与えることを包括的に合意する契約であるということになる。このような立場から，性的交渉を要求する権利が導き出される。なるほど性的交渉は夫婦にとってきわめて重要な行為であろう。しかし，夫婦にとって性的交渉がすべてではないし，愛情に裏打ちされた関係による性的交渉は相手の意思・感情を無視したものであってはならないであろう。だとすれば，相手が嫌がっているのに強引に性的交渉を要求することにはならないのではないか。また，婚姻した際に性的交渉を行なうことを包括的に合意したということを根拠にして，性的交渉を要求する権利を導き出すことには無理があろう。というのも，夫婦は婚姻生活すべてにわたってそのような合意をしているものとは思えないからである。

　婚姻の法的効力は，夫婦の姓・氏にかかわる効力（夫婦同姓原則，民法第750条），夫婦の同居・協力扶助義務（民法第752条）などである。この法的効力から，性的交渉を要求する権利などが，はたして出てくるのかどうか疑問である。憲法第24条では夫婦間の平等が明記されている。すなわち，夫婦は同等の権利を有し婚姻関係は相互の協力により維持されねばならないのである。このような観点からすれば，男性（夫）の性的交渉要求権が女性（妻）の性的自己決定権より優越するとはいえないであろう。最近では，性的自己決定権の観点や憲法第24条（夫婦の平等）という視点から，夫婦間での強制性交等罪が成立するという見解が刑法学者によると多数説となっている。

　1987年6月18日広島高裁松江支部は，夫婦間では原則として強姦は成立しないが婚姻関係が破綻している夫婦間では強姦罪が成立する，と興味深い判決を下した（判例時報1234号54頁）。このように徐々にこれまでの一般的見解が見直

されるようになってきている。

3　同性愛の自由

　性的自己決定権は，個人が誰とどのように付き合いどのような性的関係を結ぶのかを決定する権利を意味するものである。だとすれば，同性愛も自由であるということになる。しかし現実には，同性愛をめぐってはさまざまな偏見・差別や法的問題が横たわっている。

　同性愛をめぐる法的問題の1つに，同性間の婚姻（同性婚）が認められるのかどうかがある。一般的見解によると，婚姻は社会的に夫婦と考えられる異性間における精神的肉体的結合と見なされる。したがって同性婚は，社会通念上，婚姻関係とは見なされないことになる。また，憲法第24条での「婚姻は，両性の合意のみに基づいて成立し」という文言を理由に同性婚は憲法を改正しないと認められないとする見解もある。これに対しては，同性婚を肯定する見解も存在する。その理由とするところは，次のような点である。人間の共同生活のあり方は多様であり，法律婚という形態，事実婚という形態，同性カップルという形態もありうる。そのすべてが同様な価値をもつべきである。このような考え方は，憲法第13条の幸福追求権（個人の尊重）から引き出される。

　憲法第24条に関しては，「婚姻は，両性の合意のみに基づいて成立し」という文言が必ずしも同性婚を否定しているわけではなく，憲法上は「同性婚」は禁止されておらず，民法で同性婚を認めることも可能であるとする見解も有力である。戦前の家制度のもとでは，婚姻には戸主の同意が必要であり，また男性30歳，女性25歳までは親の同意が必要であったので，当事者の自由がなかった。これをなくすために，戦後日本国憲法第24条が定められたのである。最近の裁判例で宇都宮地裁真岡支部は，憲法第24条に関して「憲法制定当時は同性婚を想定していなかったにすぎず，否定する趣旨とは言えない」としている（朝日新聞2019年9月19日記事参照）。

　また同性婚が法的に認められるのかどうかにかかわる問題として，同性カップルの権利がどのように保障されるのかがある。たとえ，同性婚が法的に認め

られないとしても，同性カップルが共同生活をするうえで必要とする権利（た
とえば相続権，年金権，社会保障給付，税金の控除等）が保障されるのかどうかで
ある。諸外国の例では，このような権利が同性カップルにも認められている国
がある。たとえばアメリカ，デンマーク，スウェーデン，オランダ，ノル
ウェーなどである。

　さらにヨーロッパ諸国では，「登録されたパートナーシップに関する法律」
により登録という方法で同性愛者の婚姻に準じた関係を法的に認めている。デ
ンマークが1989年10月から，ノルウェーが1993年8月から，スウェーデンが
1995年1月から同種の法律が施行されている。その後，1998年にオランダ，
1999年フランス，2000年ベルギー，そして2001年ドイツで同様な法律が制定さ
れている。イギリス，カナダ，スペイン，ブラジル，オーストリア等でも同様
の法律が制定されている。

　2001年オランダで同性同士の結婚を認める法律（同性婚法）が制定され，他
の国へ広がっている。2003年ベルギー，2005年スペイン，カナダなど25カ国で
制定されている。アジアでは，台湾で2017年に日本でいうところの最高裁判所
が2年以内に同性婚法を制定することが命じられた。それをうけて，2019年に
同性婚を認める法律が制定された。2019年現在世界の27カ国で同性婚が認めら
れている。→**資料4-5**

　アメリカでは，2003年6月に連邦最高裁が「同性愛同士の性交渉を犯罪と定
めるテキサス州法」を個人の権利を侵害して無効であると決定した。また同年
11月マサチューセッツ州最高裁が同性婚禁止は憲法違反であると違憲判決を下
した。これ以降合衆国では，同性愛および同性婚をめぐってきびしい議論がな
されてきた。2004年5月にマサチューセッツ州で州政府が同性婚を認めて結婚
証明書が発行されるに及んで，同性婚を認めるのかどうかは連邦大統領選挙の
重要な争点になった。2009年になってから，同性婚を認める州が6州以上に拡
大されて論争を呼んでいる。2015年には連邦最高裁で同性婚を禁止する法律は
無効であるとする判決が下された。

　日本では，地方レベルで同性カップルにパートナーシップ証明書を発行する
自治体が出始めている。2015年に東京都渋谷区で初めてパートナーシップ証明

〈世界の同性婚〉

現在，同性婚および登録パートナーシップなど同性カップルの権利を保障する制度を持つ国・地域は世界中の約20％の国・地域に及んでいます。（2019年5月時点）

同性婚が認められる国・地域は以下の通りです。

	国名	法律施行日		国名	法律施行日
1	オランダ	2001年4月1日	16	英国（北アイルランドを除く）	2014年3月29日
2	ベルギー	2003年6月1日			
3	スペイン	2005年7月3日	17	ルクセンブルク	2015年1月1日
4	カナダ	2005年7月20日	18	米国	2015年6月26日
5	南アフリカ	2006年11月30日	19	アイルランド	2015年11月16日
6	ノルウェー	2009年1月1日	20	コロンビア	2016年4月28日
7	スウェーデン	2009年5月1日	21	フィンランド	2017年3月1日
8	ポルチガル	2010年6月5日	22	マルタ	2017年9月1日
9	アイスランド	2010年6月27日	23	ドイツ	2017年10月1日
10	アルゼンチン	2010年7月22日	24	オーストラリア	2017年12月9日
11	デンマーク	2012年6月15日	25	オーストリア	2019年1月1日
12	ブラジル	2013年5月16日	26	台湾	2019年5月24日
13	フランス	2013年5月18日	27	エクアドル	2019年6月12日
14	ウルグアイ	2013年8月5日		コスタリカ	2020年5月までに
15	ニュージーランド	2013年8月19日			

以下のほか，メキシコにおいては，一部の州において同性婚が実行され，それらの州で成立した同性婚が全ての州で認められています。

登録パートナーシップなどを持つ国・地域は以下の通りです。

> アンドラ，イスラエル，イタリア，エクアドル，オーストリア，キプロス，ギリシャ，英国，クロアチア，コロンビア，スイス，スロベニア，チェコ，チリ，ハンガリー，フランス，ベネズエラ，メキシコ（一部の州），リヒテンシュタイン，ルクセンブルク，ニュージーランド，オランダ，ベルギー

※同性婚を実現するまでの期間に登録パートナーシップ制度等を設けていた国々においては，同性婚実現後，新規にパートナーシップとなることを認めていないものの，既にパートナーシップ関係にあるカップルが同制度にとどまることを認めている例があります（デンマーク，スウェーデン，ノルウェー，ドイツ等）。

資料4−5　出典：NPO法人EMA日本ウェブサイト

書が交付され，同年世田谷区，2016年三重県伊賀市，兵庫県宝塚市，沖縄県那覇市，2017年札幌市，2018年福岡市，大阪市でも同様の証明書が交付されている。これらの証明書は，法的権利や義務を生じさせるものではないが，証明書

を尊重しできるだけ公平，適切に対応することを求める市などもある（たとえば那覇市では，市営住宅の入居，医療機関での手続で活用することが公報に明記されている）。民間企業でも，生命保険の死亡保険金受取人への同性パートナー指定，携帯電話の家族割引などを認めるところも出てきている。

　今後，同様な制度は，日本各地へ広がっていく可能性が大きい。このような動きが，国（政府）や国会を動かして性的マイノリティの人権保障へつながっていくことが期待されている。

参考文献

　角田由紀子『性の法律学』（有斐閣，1991年）

　渡辺和子編『女性・暴力・人権』（学陽書房，1994年）

　角田由紀子『性差別と暴力——続・性の法律学』（有斐閣，2001年）

　上村貞美『性的自由と法』（成文堂，2004年）

　棚村政行『結婚の法律学〔第2版〕』（有斐閣，2006年）

　金城清子『ジェンダーの法律学〔第2版〕』（有斐閣，2007年）

　棚村政行・中川重徳編著『同性パートナーシップ制度——世界の動向・日本の自治体における導入の実際と展望』（日本加除出版社，2016年）

　特定非営利活動法人性暴力救援センター・大阪SACHICO編『性暴力被害者の法的支援——性的自己決定権・性的人格権の確立に向けて』（信山社，2017年）

　二宮周平『18歳から考える家族と法』（法律文化社，2018年）

　三成美保・笹沼朋子・立石直子・谷田川知恵『ジェンダー法学入門〔第3版〕』（法律文化社，2019年）

　NPO法人「EMA日本」「世界の同性婚」（emajapn.org/promssm/world,2019年10月17日アクセス）

【復習問題】

＊性と法律

　　性的自己決定権，憲法13条，性犯罪，この3つの言葉を使用して簡単に文章にまとめなさい。

＊夫婦間レイプ

　　夫婦間レイプについて，広島高裁松江支部の判決を紹介しなさい。

第 **5** 章　裁判員制度と刑事手続

▷キーワード▷▷▷

司法制度改革，裁判員制度，人身の自由，適正手続，被告人等の人権

1　司法制度改革と裁判員制度

1　司法制度改革

　2001年に司法制度改革審議会が意見書を提出して以降，司法制度改革が進められている。たとえば，これまでに裁判迅速化法が2003年7月に施行，2004年4月に改正民事訴訟法・人事訴訟法などが施行され，法科大学院が開設された。この民事訴訟法・人事訴訟法などの改正により家庭裁判所で市民から選ばれた「参与員」が離婚や子どもの認知などの人事訴訟に加わることになったことは，注目される。また，2004年5月には裁判員法が成立し2009年から施行している。司法改革は，国民・市民に司法（裁判所）を身近にして利用しやすい制度にすることを目ざしている。

　その大きな柱には，法曹人口の増加と国民による司法参加がある。国民の司法参加には，陪審制と参審制がある。刑事陪審制は，市民から選ばれた陪審員が合議により犯罪事実を認定し有罪か無罪かを決める。職業裁判官は，訴訟全

〈裁判員制度〉

一般的な刑事裁判の法廷

資料 5-1　出典：筆者作成

体の指揮をして量刑を決定する。参審制は，市民である素人裁判官が職業裁判官と同等の資格で，事実認定から判決を下すまで一体となって訴訟を運営する制度である。このような国民の司法参加を保障する制度の導入が，司法制度改革の目玉の1つとして検討されてきた結果，どちらかというと参審制に位置づけられる裁判員制度が導入されることとなった。→資料 5-1，5-3

2　裁判員制度の導入

①　裁判員制度の意義

　2001年の司法制度改革審議会の意見書では，裁判員制度の意義として，「一般国民が，裁判の過程に参加し，裁判内容に国民の健全な社会常識がより反映されるようになることによって，国民の司法に対する理解・支持が深まり，司法はより強固に国民的基盤を得ることができるようになる」ことを掲げている。すなわち，国民の司法参加により市民感覚を裁判に反映させ，司法の国民的基盤を確保することが導入の意義である。

②　裁判員制度の概要

　裁判員制度は，重大な刑事裁判の審理に市民が参加し，職業裁判官とともに事実認定をして量刑を決定する制度である。

(a)　合議体の構成

　裁判官3名，裁判員6名で構成される合議体で審判する。ただし，被告人が公訴事実を認め，検察官・弁護人・被告人に異議がなく，かつ事案の性質等を勘案して相当と認めるときは，裁判官1名，裁判員4名の合議体とすることも可能である。

（b）　裁判員の権限

有罪・無罪の決定および刑の量刑に関し，審理および裁判をする。

（c）　評決

裁判は，裁判官と裁判員の合議体の員数の過半数であって，裁判官の1名以上および裁判員の1名以上が賛成する意見によらなければならない。

（d）　対象事件

死刑または無期の懲役もしくは禁錮に当たる罪（ただし，刑法第77条の罪を除く）にかかわる事件。具体的には，殺人，強姦致死，強盗致傷，危険運転致死などの事件である。

（e）　選任

裁判員になれる者は，20歳以上の日本国民である。裁判員候補者名簿に毎年，翌年から1年間に必要となると認められる員数をくじで選定して登載する。くじで選定された候補者は，裁判官に召還されて質問手続が採られる。最終的に，裁判官が質問手続を完了した裁判員候補者のなかから裁判員を無作為に事件毎6名抽出する。

（f）　欠格事由

20歳以上の日本国民でも裁判員になれない者がいる。たとえば，義務教育を修了していない者や禁錮刑以上の刑罰を受けた者は，裁判員になる資格がない。

（g）　就職禁止事由

その人が就いている職業によっては，裁判員に選任されない者もいる。たとえば，法律の専門家である裁判官，検察官，弁護士などは，裁判員になれない。また，国会議員等も三権分立の観点から裁判員にはなれない。

（h）　辞退事由等

裁判員に選任されても辞退できる者もいる。70歳以上の老人，学生・生徒，重い病気・怪我がある者，親族等の介護などの必要が有る者，自分がいなければ仕事で著しい損失がでる場合等は，辞退できる。

（i）　裁判員の義務等

裁判員は，公判期日に出頭し宣誓をしなければならない。裁判員は，法令に

従い誠実にその職務を行なわなければならない。裁判員は，裁判の公正さに対する信頼を損なうおそれのある行為をしてはならない。裁判員は，評議において意見を述べなければならない。裁判員は，評議の経過ならびに各裁判官および各裁判員の意見ならびにその他の職務上知り得た秘密を漏らしてはならない。正当な理由なく出頭しないときには10万円以下の過料が科される，職務上の秘密を漏洩したときは6カ月以下の懲役または50万円以下の罰金が科される。

　なお，裁判員には，1日1万円以内の日当および交通費等が支払われる。

　このような裁判員制度の導入は，憲法第76条第3項等で定められている司法権の独立や第32条および第37条第1項で定められている「裁判を受ける権利」および「迅速な公開裁判をうける権利」に抵触しないのかどうか議論が深められねばならない。つまり，憲法では，職権の独立を保障された裁判官によって構成される裁判所で，国民が裁判を受ける権利を保障されているという構造を採っている。裁判員制度は，このような構造を壊さないのかどうかについて議論されねばならない。また，裁判員を国民に義務づけ強制することは，近代憲法の原則である国家権力からの自由という観念に抵触する可能性をはらんでいる。

　2019年5月21日で裁判員制度は，10年経過したことになる。この間，10万人以上の市民が裁判員に参加し死刑も含む1万1429件に有罪判決が下されている，その一方で99名に無罪判決も出されている。また，年々辞退する市民が増加しているのが現状である。さらに，裁判の長期化も問題となっている。2015年の裁判員法の改正で，長期化した裁判は裁判官のみで裁判できるようになった。一生つきまとう守秘義務に，どう対応すべきかなど課題も多く残されている。→資料5-2

2　刑事手続と人権

1　人身の自由と刑事手続

　身体の不当な拘束を受けない自由＝人身の自由は，憲法第18条で定められて

〈裁判員裁判有罪率の推移（最高裁調べ）〉

年	有罪	無罪	有罪率
2009	142	0	100.0%
2010	1504	2	99.9%
2011	1514	10	99.3%
2012	1488	9	99.4%
2013	1374	12	99.1%
2014	1195	7	99.4%
2015	1171	8	99.3%
2016	1090	12	98.9%
2017	944	20	97.9%
2018	1007	19	98.1%
計	11429	99	99.1%
裁判官裁判の裁判員対象事件（2006〜08）	7243	44	99.4%

資料5-2　出典：飯孝行・裁判員ラウンジ編著『あなたも明日は裁判員⁉』（日本評論社，2019年）189頁

　いる。すなわち，奴隷的拘束や意に反する苦役の強制というような人間の尊厳に反する非人間的な行為は，否定されねばならない。この自由は，「個人の尊重・尊厳」にとってきわめて重要な基本的なことである。

　憲法第31条以下では，刑事手続上の権利が定められている。第31条では適正手続が定められており，罪刑法定主義に基づいて適正な手続によらなければ刑罰を科せられない。

2　被告人等の人権

　犯罪をしたのではないかと疑われている人を被疑者という。被疑者の身体的拘束は，憲法第33条で原則令状によらなければならないとされている。被疑者が起訴され被告人にとなると，被告人に対してさまざまな人権が憲法上で定められている。憲法第37条は，被告人に「公平な裁判所の公開裁判を受ける権利」を保障している。あるいは，被告人には弁護人依頼権が保障されている。憲法第38条は，自白の強要を禁止することなどを定めている。身体的拘束を受けて

〈裁判員制度と陪審・参審制度との比較〉

国民の参加形態	陪審（アメリカ〔連邦〕）	裁判員	参審（ドイツ）
選任方法	選挙人名簿等から無作為抽出した上，陪審員の資格を有しない者，当事者が忌避（理由を示さない忌避を含む）した者等を除外して，陪審員を選定する。	選挙人名簿から無作為抽出した者を母体とし，その上で，公平な裁判所による公正な裁判を確保できるような適切な仕組み（欠格事由や忌避制度等）を設ける。	①市町村において，議会の同意を得て，参審員候補者名簿を作成する。②裁判所に設けられる参審員選任委員会において，①の名簿の中から，参審員を選定する。
任 期	具体的事件ごとに選任	具体的事件ごとに選任	4年間の任期制
人 数	裁判官：1名　陪審員：12名	裁判官：3名　裁判員：6名ただし，一定の要件の下で，裁判官1人，裁判員4人とすることができる。	裁判官：3名　裁判官：1名　又は　参審員：2名　参審員：2名
対象事件	一定の軽微な犯罪を除き，被告人が否認している事件で陪審裁判を選択した場合	法定刑の重い重大犯罪（被告人の認否を問わず，被告人による選択は認めない）	一定の軽微な犯罪を除き，原則としてすべての事件（被告人の認否を問わず，被告人による選択は認めない）
評議及び権限	陪審員のみで評議し，有罪・無罪の評決を行う。	裁判官と裁判員は，共に評議し，有罪・無罪の決定及び量刑を行う。	裁判官と参審員は，共に評議し，有罪・無罪の決定及び量刑を行う。
評 決	有罪評決は陪審員の全員一致	裁判員が関与する判断は，裁判官及び裁判員の双方の意見を含む合議体の員数の過半数が賛成する意見による。	有罪評決は裁判官と参審員の2／3の多数決

資料5-3　出典：辻裕教「裁判員制度」法学教室283号，2004年，3頁

無罪になった者は，刑事補償を国に求めることができる（憲法第40条）。

参考文献

裁判員制度・刑事検討会「裁判員制度の概要について（骨格案）」ジュリスト1263号，2004年，197頁以下

辻裕教「裁判員制度」法学教室283号，2004年，2頁以下

山元一「司法権――裁判員制度」法学セミナー593号，2004年，28頁以下

新倉修「裁判員法の成立について」法律時報76巻8号，2004年，1頁以下

久保内統・文／藤山成二・画『あなたも裁判員――漫画で読む裁判員制度〔第2版〕』（日

本評論社，2007年）

竹田昌弘『知る，考える裁判員制度』（岩波書店，2008年）

小田中聰樹『裁判員制度を批判する』（花伝社，2008年）

最高裁判所『裁判員制度ナビゲーション』（最高裁，2009年）

飯考行・裁判員ラウンジ編著『あなたも明日は裁判員！？』（日本評論社，2019年）

【復習問題】

＊裁判員制度の意義

　　裁判員制度導入の意義を2つ挙げなさい。

＊裁判員の欠格事由

　　裁判員になれない者（欠格事由）を挙げなさい。

＊裁判員の禁止事由

　　仕事上裁判員になれない者（禁止事由）を挙げなさい。

＊裁判員の辞退

　　辞退できる者を挙げなさい。

第6章　学校教育をめぐる法

1　学校における人権

　近年学校での人権をめぐる問題は，深刻さを増しているといえる。とくに生徒の人権をめぐってさまざまな問題が起こっている。

1　生徒の人権をめぐる問題

　1970年代から80年代にかけては，教育現場での問題というと校内暴力がまず挙げられた。それ以降は，「いじめ」「体罰」「校則」をめぐる問題が顕著になってくる。最近では，「いじめ」「不登校」「校内暴力」「教員の不祥事」などの問題がクローズアップされている。

①　教員の不祥事

　公立の小中高などの教員が生徒に体罰やわいせつ行為をして懲戒処分や訓告などを受けた者は，年間でわいせつ行為等150件前後，体罰180件前後にのぼることが文部科学省(以下文科省とする)により報告されている。教員間での暴行，

傷害，SH などに当たる行為も起きている。近年は，生徒の身体に触れる，ビデオカメラで盗撮する等のわいせつ行為による懲戒が増加している。学校におけるセクシュアル・ハラスメント（SH）も社会問題化しており，その防止も含めた対策が求められている。SH＝性暴力＝人権侵害であるという意識が強く求められる。また「体罰」に関しては，それを容認する声は依然として根強い。教員の側にも父兄の側にも厳しい指導＝体罰という短絡的な結び付きもまだまだ有力な発想としてある。学校教育法第11条では，体罰が禁止されている。すなわち，同法第11条は「校長及び教員は，教育上必要があると認めるときは，監督庁の定めるところにより，学生，生徒及び児童に懲戒を加えることができる。ただし，体罰を加えることはできない」と定めている。また，暴行を加える行為は，刑法上の犯罪行為である。にもかかわらず体罰はなかなか減少しないのである。体罰＝暴力＝犯罪行為＝人権侵害であるということが前提とされねばならない。

②　再び「いじめ」「体罰」問題

　近年，再び「いじめ」問題が教育現場では深刻化している。「いじめ」が原因で「自殺」する生徒も増加しているという痛ましい現状がある。原因は何なのか，どうしたら「いじめ」を防止・根絶できるのか，きわめてむずかしい問題である。日本社会の病理現象の1つの縮図が教育現場でも起こっているといえるであろう。大人社会でも教育現場や職場での「パワハラ」「セクハラ」等さまざまな嫌がらせが蔓延化している。それを生徒が真似をしているという面もあるであろう。

　大津市での「いじめ自殺」問題は，顕著な例である。朝日新聞2012年11月23日の記事によると，小中高の「いじめ」は半年で14万件に達しているという。これは，前年度の1年分の2倍であるという。文科省によると，2018年度に全国の小中高などで起きたいじめは，過去最高の約54万4000件であるという。

　「体罰」は，すでに触れたように学校教育法第11条で禁止されているにもかかわらず，教育現場では「正当化」されてきた。「愛のムチ」「厳しい指導」などという言葉によって，一部の教育者・父兄からも支持されている。とくに，部活動での「体罰」は常態化しているのが日本のスポーツ界の現状である。大

阪府の桜宮高校で体罰が原因で「自殺」した生徒の例は，その象徴である。

　小・中・高校の部活動で「体罰」を受けて育ってきた生徒・選手が大学のクラブ活動でも「暴力」的指導を受けるまたは下級生に「暴力」をふるうという問題が後を絶たない。「暴力」に対する感覚が麻痺しているという現実がある。

③　校則問題

　校則をめぐっても従来議論がなされてきている。教育現場という集団生活の場で，最小限のルールとしての校則が必要であることを否定することはできないであろう。しかし問題なのは，既存の多くの校則がこの最小限のルールではないという点である。ここでは，校則の問題点をその制定手続と内容，違反者に対する厳しい処分という面から考察してみたい。

(a)　制定手続上の問題点

　これは，校則がどのように制定されているのか，どのような手続が踏まれているのかという問題である。圧倒的多くの校則は，学校側が一方的に制定している。しかも学校側である教員集団が十分に議論して制定したものとはいえない。したがって校則制定に際して，きわめて非民主的な手続が採られているといえる。最低限の要件として利害関係者の意見を徴集しそれを反映させるような手続であらねばならない。すなわち，利害関係者である生徒・子どもの意見・立場が尊重され反映されるような手続が求められる。たとえば生徒が生徒会などで校則について議論しその結論を学校側が尊重するとか，生徒から校則についてアンケートをとるなどして生徒の意見を徴集する等が考えられるであろう。近年このような手続がいくつかの中学校などで実践されるというよい経験も生まれてきた。その一方で，校長などの管理職の権限を強化し，職員会議・生徒会など現場教員・生徒の意思形成プロセスを軽視・形骸化する傾向が顕著になっている。

(b)　内容上の問題点

　既存の校則の多くは，制定手続上の問題点もさることながら，その内容がきわめて問題である。それは，最小限のルールをはるかに超えた内容となっているものが多い。不必要なものが多いし，細かすぎるのである。想像をはるかに超えるような細かく不必要な校則が現に存在しているのである。髪型にかかわ

〈中学時代の校則体験〉

	10代	20代	30代	40代	50代
給食を残すと，休み時間に遊びに行けない	3.8	4.2	6.2	6.4	1.9
髪の毛の長さが決められている	26.6	16.7	13.7	32.0	25.4
髪型が細かく指定されている	20.9	17.3	10.0	15.6	13.2
スカートの長さが決められている	57.0	38.1	23.7	40.4	34.7
下着の色が決められている	15.8	4.8	1.9	3.2	0.9
眉毛を剃ってはいけない	44.3	20.2	8.1	11.2	8.5
整髪料を使ってはいけない	38.6	19.6	10.4	10.0	7.0
チャイムの前に着席をする	51.9	16.1	16.6	20.4	12.7
カバンや制服はおさがりではなく新品でなくてはいけない	0.6	1.8	0.0	1.6	0.0
冬でも，ストッキングやタイツ，マフラーなどの防寒対策をしてはいけない	7.6	2.4	2.4	6.4	4.7
体育や部活時に水を飲んではいけない	3.2	3.0	4.7	17.2	9.4
帰宅途中に買い物をしてはいけない	50.0	23.2	31.3	30.0	19.7
教科書や辞書を学校に置いて帰ってはいけない	26.6	12.5	12.8	22.4	14.1
日焼け止めをもってきてはならない	8.2	5.4	3.3	5.2	1.9
リップクリームをもってきてはならない	6.3	3.0	2.4	7.6	3.3
恋愛をしてはいけない	1.3	4.8	1.0	2.4	1.4
SNSをつかってはいけない	3.8	3.6	0.5	1.2	0.5

資料6-1　出典：荻上チキ・内田良編著『ブラック校則——理不尽な苦しみの現実』（東洋館出版社，2018年）21頁

るもの（丸刈り強制，パーマ禁止），制服にかかわるもの，バイク３ない原則等々，問題とされているものがある。これらのなかには，生徒・子どもの権利・自由を著しく侵害するものもある。近年，きわめて細かすぎて不合理な校則（ブラック校則とも呼ばれている）の問題が指摘されている。→**資料6-1**

　(c)　違反者に対する厳しい処分

　制定手続・内容上の問題とともに，校則違反者に対する厳しい処分が問題となっている。内容の不合理性が問われないまま従うことが強制され，違反すると厳しく処分されるのである。退学勧告＝自主退学という名の実質的な退学処分がなされることもある。内容の合理性とともに，処分の公正さ・合理性が問

われるであろう。学校教育法第11条および学校教育法施行規則第13条で生徒への懲戒が定められている。

④　校内暴力・不登校等

　文科省によると，小中高学生の校内暴力件数は約6万件で，過去最悪である（朝日新聞2009年12月1日記事参照）。忍耐力がなくなっている生徒，切れる生徒が増加している。生徒間の暴力が最も多く3万2445件，器物破壊1万7329件，教員に対する暴力が8120件である。それとともに，不登校も増加している。2007年8月8日の朝日新聞記事によると，不登校で学校を1年間で30日以上欠席した小・中学生の総数は，2007年度で12万9254人であった。2018年度には約16万5000人で過去最高になっているという。このような問題に関連して，「心の病」で休職する教員が増加している。2003年度に精神性疾患のため病気休職した公立学校の教員は，過去最高の3194人にのぼった。

2　憲法上の視点

　このようなさまざまな問題の背後に横たわるのは，「管理教育」であろう。生徒ばかりでなく教員も管理されている今日の教育現場は，きわめて閉鎖的で窒息しそうな空間となっている。本来教育現場は，自由で開放された知的空間でなければならないはずである。教育現場が本来の姿を取りもどすのはきわめて困難であろうが，それを実現するための視点を若干提示してみたい。それは「個人の尊重」という視点である。この視点からいえることは，生徒であろうが教員であろうが，各人がそれぞれ1つの人格を有する個人として尊重されねばならない，ということである。この視点は，憲法第13条で根拠づけられる憲法的な視点でもある。また，生徒・子どもは，教育の客体というよりも教育の主体である。すなわち，生徒・子どもは教員・親などの大人によって教えられる・教育されるというよりも，自ら主体的に学習していく主体なのである。このような発想からなるのが「学習権」という権利であり，憲法第26条の「教育を受ける権利」などに根拠づけられる。このような憲法上の視点に立ちながら，校長などの管理職がトップダウンで学校を運営し，厳しい校則により生徒を管理するような現状を変えていかねばならない。

3　子どもの権利条約

　すでに記述してきた学校における生徒・子どもの人権を考えるうえで，参考になる条約が「子どもの権利条約」である。「個人の尊重」や「教育の主体」という発想を支え補強する条約でもある。1989年11月20日に国連総会44会期においてこの条約が採択され，1990年から発効している。日本もようやくこの条約を1994年4月に批准した。この条約で子どもとは18歳未満を指す。そして18歳未満の子どもも18歳以上の大人と同様に権利の主体だとされる。すなわち，子どもは大人により保護される単なる客体なのではなく，子どもにもさまざまな権利が保障されるのである。たとえば子どもにも市民的自由が保障される。つまり，意見表明権（第12条），表現の自由・情報の自由（第13条），思想・良心・宗教の自由（第14条），結社・集会の自由（第15条），プライバシー・通信・名誉の保護（第16条）などが保障される。これらの権利が教育現場で実現されれば，学校は子どもにとって自由で開放された知的空間になるであろう。これらの権利は，校則制定の際に，また，処分を受ける際に威力を発揮することになるであろう。

2　裁判例

　ここでは，教育現場での人権にかかわる裁判例を取り上げたい。とくに校則（髪型とバイク3ない原則）をめぐって提起された裁判例を紹介したい。

1　丸刈り強制事件（熊本地判1985年11月）

　原告は，熊本県のある公立中学へ通っていたが，校則で定められた「丸刈り」を拒否し続けた。その結果いやがらせを受けたりしたため，「丸刈り」を強制する校則が憲法第14条・第21条などに違反するとして裁判所に提訴した。

　原告の主な主張　　丸刈りを強制する校則は，この中学に在籍する男子生徒を居住地および性別により差別するものである（憲法第14条違反）。この校則は個人の感情的・美的感覚あるいは思想の表現である髪型の自由を侵害する（憲法第21条違反）。

　裁判所の判断　　校則は各校が独自に判断して定められるべきものであり合理的な差別である（憲法第14条に違反しない）。男子のみが丸刈りであっても男子のみが丸刈りの習慣があるので合理的差別である。髪型は思想の表現であるとは特別な場合を除きいえない。とくに中学生においては髪型が思想の表現であるといえない（憲法第21条に違反しない）。中学校長は生徒を規律する校則を定める権限を有しておりその内容が著しく不合理でない限り違法ではないとした。

2　バイク 3 ない原則事件

①　バイク 3 ない原則事件　その 1　（最判1991年 9 月）

　バイクの「免許をとらない，買わない，乗らない」という「3 ない原則」の校則に違反したとして私立高校を自主退学処分になった原告が，この校則の違法性を争った事件である。

　原告の主な主張　　このような校則は憲法第13条などに違反する。すなわち，バイクの免許をとり，乗るというのは，憲法第13条で定められている幸福追求権の一内容である。3 ない原則は社会的に不合理である。学校の措置は自主退学の名において実質的に退学処分である。処分の手続は，裁量権を逸脱して違法である。

　一審（千葉地判1987年10月），二審（東京高判1991年 3 月）とも原告が敗訴した。

　裁判所の判断　　私立学校の校則は直接憲法判断の対象にならない。校則で 3 ない原則を定めていることについて，社会通念上不合理とはいえないとした一,二審の判断は正当である。退学勧告についても，勧告を違法とはいえないとした。

②　バイク 3 ない原則事件　その 2　（東京地判1991年 5 月27日）

　この事件は，東京の私立高校の生徒がバイク 3 ない原則を定めた校則の違法性を争った事件である。この事件でも原告は，退学勧告を受けさらに退学処分にされた。東京地裁は，「学校が生徒の教育の目的と関連し，かつその内容が社会通念に照らして合理的である限り，在学する生徒の行為を規律することができる」，と一般論を述べ，バイク 3 ない原則の合理性を認定したが，本件退

学処分については，著しく不合理な処分であり裁量権の範囲を逸脱して違法である，と判示した。この判決は東京高裁でも支持され確定した（1992年3月19日）。

このように校則をめぐって争われた事件では，原告が勝訴する場合もあるが敗訴するケースもある。その際に学校の裁量権が大幅に認められる傾向が強い。しかし，丸刈り強制などは著しい人権侵害であり，著しく不合理なものとして裁量権の逸脱に当たると判断されてしかるべきであろう。

参考文献

坂本秀夫『「校則」の研究——だれのための生徒心得か』（三一書房，1986年）

『特集・いじめへの対応』季刊教育法105号，1996年

『特集・体罰はなぜなくならない？』季刊教育法106号，1996年

野上修市編著『子どもの人権と現代教育法の諸課題』（エイデル研究所，1997年）

浪本勝年・箱田英子・岩崎政孝・吉岡睦子・船木正文『教育判例ガイド』（有斐閣，2001年）

『特集教育基本法改正論議と教育改革』季刊教育法132号，2002年

内野正幸「教育権から教育を受ける権利」ジュリスト1222号，2002年，102頁以下

西原博史『学校が「愛国心」を教えるとき——基本的人権からみた国旗・国歌と教育基本法改正』（日本評論社，2003年）

『特集教育基本法改正の焦点』季刊教育法136号，2003年

日本教育学会編『教育基本法改正批判』日本評論社，2004年

篠原清昭編著『学校のための法学——自律的・協働的な学校をめざして〔第2版〕』（ミネルヴァ書房，2008年）

佐々木幸寿・柳瀬昇『憲法と教育〔第二版〕』（学文社，2009年）

荻上チキ・内田良編著『ブラック校則——理不尽な苦しみの現実』（東洋館出版社，2018年）

第 7 章　外国人の人権

▷キーワード▷▷▷

権利性質説，マクリーン事件，国民主権，国民＝国籍保持者，国政レベルでの選挙権と地方レベルでの選挙権，最高裁1995年2月28日判決

1　外国人問題

　近年日本には，多くの外国人が生活している。2018年段階で約273万人の外国人が在留資格を得て日本に滞在している。この数は，日本の総人口の約2パーセントを占めている。一口に外国人といっても，観光客から永住許可を得て生活している者まで幅広い。また外国人問題といってもさまざまな問題が含まれている。とりわけ在日韓国人・朝鮮人問題は，歴史的な経緯もあり複雑な様相を呈している。従来後で論じる選挙権をめぐる議論が焦点になっているが，彼らはこれまで就職差別等さまざまな差別を受けてきた。→資料7-1

　憲法第10条では，「日本国民たる要件は，法律でこれを定める」としている。そして，国籍法で誰が日本国民になれるのか定めている。国籍法によれば，外国人とは日本国民でない者をいう。日本国民とは，日本国籍を有する者をいう。すなわち，外国人とは，日本国民でない者＝日本国籍を有さない者である。→資料7-2

〈平成30年末現在における在留外国人数について〉

> 平成30年末の在留外国人数は，273万1,093人で，前年末に比べ16万9,245人（6.6％）増加となり過去最高

1　在留外国人数

平成30年末現在における中長期在留者数は240万9,677人，特別永住者数は32万1,416人で，これらを合わせた在留外国人数は273万1,093人となり，前年末に比べ，16万9,245人（6.6％）増加し，過去最高となりました。

男女別では，女性が140万3,200人（構成比51.4％），男性が132万7,893人（構成比48.6％）となり，それぞれ増加しました。

2　国籍・地域別

在留カード及び特別永住者証明書上に表記された国籍・地域の数は195（無国籍を除く。）でした。

上位10か国・地域のうち，増加が顕著な国籍・地域としては，ベトナムが33万835人（対前年末比６万8,430人（26.1％）増），ネパールが８万8,951人（同8,913人（11.1％）増），インドネシアが５万6,346人（同6,364人（12.7％）増）となっています。

```
（1）　中　　国　　　　　　764,720人（構成比28.0％）（＋ 4.6％）
（2）　韓　　国　　　　　　449,634人（構成比16.5％）（− 0.2％）
（3）　ベトナム　　　　　　330,835人（構成比12.1％）（＋26.1％）
（4）　フィリピン　　　　　271,289人（構成比 9.9％）（＋ 4.1％）
（5）　ブラジル　　　　　　201,865人（構成比 7.4％）（＋ 5.5％）
（6）　ネパール　　　　　　 88,951人（構成比 3.3％）（＋11.1％）
（9）　インドネシア　　　　 56,346人（構成比 2.1％）（＋12.7％）
```

3　在留資格別

在留資格別では，「永住者」が77万1,568人（対前年末比２万2,377人（3.0％）増）と最も多く，次いで，「留学」が33万7,000人（同２万5,495人（8.2％）増），「技能実習（１号イ，同ロ，２号イ，同ロ，３号イ及び同ロの総数）」が32万8,360人（同５万4,127人（19.7％）増），「特別永住者」の地位をもって在留する者が32万1,416人（同8,406人（2.5％）減）と続いています。

```
（1）永住者　　　　　　　　　　　　771,568人（構成比28.3％）（＋ 3.0％）
（2）留　学　　　　　　　　　　　　337,000人（構成比12.3％）（＋ 8.2％）
（3）技能実習　　　　　　　　　　　328,360人（構成比12.0％）（＋19.7％）
（4）特別永住者　　　　　　　　　　321,416人（構成比11.8％）（− 2.5％）
（5）技術・人文知識・国際業務　　　225,724人（構成比 8.3％）（＋19.3％）
```

4　都道府県別

在留外国人数が最も多いのは東京都の56万7,789人（対前年末比３万287人（5.6％）増）で全国の20.8％を占め，以下，愛知県，大阪府，神奈川県，埼玉県と続いています。

```
（1）東京都　　　　　567,789人（構成比20.8％）（＋ 5.6％）
（2）愛知県　　　　　260,952人（構成比 9.6％）（＋ 7.4％）
（3）大阪府　　　　　239,113人（構成比 8.8％）（＋ 4.7％）
```

（4）神奈川県 218,946人（構成比 8.0%）（＋ 7.1%）
（5）埼玉県 180,762人（構成比 6.6%）（＋ 8.1%）
（注1）「中長期在留者」とは，入管法上の在留資格をもって我が国に在留する外国人のうち，
　　　次の（1）から（4）までのいずれにも当てはまらない人です。
　　　なお，次の（5）及び（6）に該当する人も中長期在留者には当たりません。
　　　（1）「3月」以下の在留期間が決定された人
　　　（2）「短期滞在」の在留資格が決定された人
　　　（3）「外交」又は「公用」の在留資格が決定された人
　　　（4）（1）から（3）までに準じるものとして法務省令で定める人（「特定活動」の
　　　　　在留資格が決定された台湾日本関係協会の本邦の事務所若しくは駐日パレスチ
　　　　　ナ総代表部の職員又はその家族の方）
　　　（5）特別永住者
　　　（6）在留資格を有しない人
（注2）本資料では，平成23年末以前の統計も在留外国人数として掲載していますが，その
　　　統計は，平成24年末以降の「在留外国人数」に近似する「外国人登録者数のうち中
　　　長期在留者に該当し得る在留資格をもって在留する者及び特別永住者の数」を便宜
　　　的に在留外国人として表記しています。なお，当該数は上記（注1）（1）の者を含
　　　んでいることを留意願います。

資料7−1　　出典：法務省ウェブサイト

　日本国籍は有していないが，日本に定住している，日本に生活の本拠があ
る，定住外国人の人権をどのように保障すべきなのか，真剣に考えねばならな
い。近年では，日本に住んでいる外国人の子ども約12万人のうち2万人ほどが
就学していない可能性があると文部科学省が指摘している。

2　外国人に人権は適用・保障されるのか

　憲法が規定している人権（たとえば表現の自由，信教の自由，思想・良心の自由
など）が，日本国民だけでなく外国人にも及ぶのか，適用されるのかについ
て，つまり外国人に人権が適用・保障されるのかについて，適用されないとす
る少数説もあるが，一般的見解（通説）は適用されるとする。少数説の根拠は，
憲法第3章の表題が「国民の権利及び義務」となっていることや憲法は国家と
国民との関係を定めた規範であるから人権規定は（日本）国民にだけ及ぼされ
適用される，ということである。しかし，日本国憲法は国際協調主義を採って
いるし，人権は人間が生まれながら享受しうる権利であり人間が人間として生

〈日本国民と国籍の仕組み〉

☆関連法令等⇒国籍法
■日本国民の基本的人権の享受

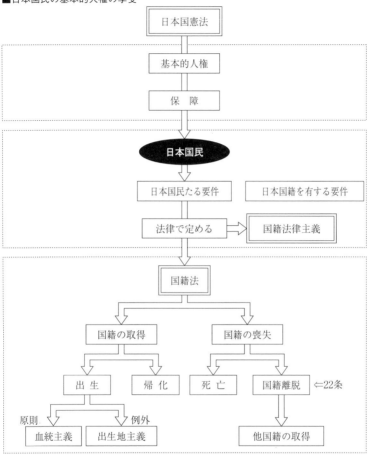

資料 7 - 2　出典：神田将『図解による憲法のしくみ』（自由国民社，2013年）39頁

きていくために不可欠な権利であることから，外国人にも人権の保障が及ぶと
考えられる。一般的見解（通説）は，原則として外国人にも人権が保障される
が，人権の性質によってどの人権がどの程度保障されるかを判断すべきである

とする(権利性質説)。次のような人権は問題が出てくる(選挙権は別個に論じる)。

1 社会権

生存権などの保障は，各人が属する国家の責務であるから外国人には認められないとする見解がある。しかし，日本社会に根づき日本国民と同様の生活をし，かつ税金も納めている定住外国人には社会権の保障が及ぶとする見解が有力である。また社会保障・保険法（たとえば国民年金法）の国籍条項も原則として撤廃されてきている。

2 精神的自由権

表現の自由や信教の自由などの精神的自由権は，外国人にも日本国民と同様に保障されるとされている。しかし，参政権的機能を有する政治活動の自由は制限的に解されている。外国人にも政治活動が認められるのかどうか争われた「マクリーン事件」がある。この事件では，アメリカ人のマクリーンさんがベトナム戦争反対の集会に参加したりしたことを理由に在留期間の更新を拒否されたため裁判で争った。最高裁は，一般論として人権規定が外国人にも適用されることを認めたが，政治活動については日本国民の政治的選択に不当な影響力を及ぼさない限度で認められるにすぎないと判示した（最大判1978年10月4日）。→資料7-3

3 その他

外国人の出入国の自由は認められないと解されている。また外国人に対する在留の許可は国の裁量とされている。「外国人登録法」による指紋押捺義務は，プライバシーにかかわる問題であるが合憲であるとされている（1987年の法改正で指紋押捺を原則として新規登録の際の1回にとどめることになり，その後1992年の改正で永住資格者に対する指紋押捺制度が廃止され，さらに1999年の改正で指紋押捺制度そのものが廃止されることになった）。

外国人登録証明書常時携帯義務

1999年の外国人登録法の改正により，指紋押捺制度は廃止されたが，外国人

〈マクリーン事件〉

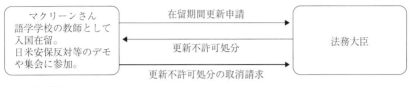

　　　【主張】
　　　◆在留中の政治活動を理由に
　　　在留期間の更新を不許可とすることは違憲。

　……裁判所の判断……
　〈第一審〉マクリーンさん勝訴（不許可処分は裁量権を逸脱し違法）
　〈第二審〉マクリーンさん敗訴
　　　　　　（政治活動を理由とする不許可も裁量の範囲内で適法）
　〈最高裁〉マクリーンさん敗訴
　　　　　　（外国人が引きつづき在留を求める権利は憲法上保障されていない）

資料 7 - 3　出典：浦部法穂『憲法の本』（共栄書房，2005年）56頁

登録証明書の常時携帯義務はそのまま残されている。この義務については，外国人を管理の対象としてしかみていないとの批判が強く出されており，また国際人権法上問題があることが指摘されている。

3　選挙権をめぐる議論

　定住外国人に選挙権が保障されるのかどうかをめぐっては議論が展開されている。以下，通説・判例の見解，最近の有力説，諸外国の例をみていくことにしたい。

1　一般的見解（通説）・判例の見解

　この立場は外国人に選挙権を付与することを否定する。その根拠は，国民主権の下では選挙ないし自国の公務に携わる政治的権利はその国民に限られる，ということである。すなわち，国民＝国籍保持者が自国の政治に参加する権利が参政権であるので，その性質上当該国家の国民に限られる，ということになる。また憲法第15条は「公務員選定罷免権を国民固有の権利」としており，公

〈主な国における外国人の選挙権の状況〉

各国を比べてみると	参政権			二重国籍
	国政	地方	付与の要件など	
スウェーデン	×	○	3年以上の居住	◎
	×	○		
デンマーク	×	○	3年以上の居住	
	×	○		
オランダ	×	○	5年以上の居住	◎
	×	○		
フランス	×	△	EU市民にのみ	◎
	×	△		
ドイツ	×	△	EU市民に郡，市町村のみ	
	×	△		
英　国	△	△	EU市民に地方。英連邦市民などに国政も	◎
	△	△		
ニュージーランド	○	○	1年以上居住している永住者	◎
	×	×		
ロシア	×	○	永住者	◎
	×	○		
カナダ	×	△	一部の州で一部の英連邦市民のみ	◎
	×	×		
米　国	×	△	一部の市で付与	◎
	×	△		
韓　国	×	○	永住資格取得後3年以上	
	×	○		
日　本	×	×	———	
	×	×		

参政権は上段が選挙権，下段が被選挙権，○付与，△一部の人，または一部地域で付与，×付
与せず。二重国籍は，◎認められる，空欄は認められないか非常に制限的

（国立国会図書館の資料をもとに作製）

資料7-4　出典：朝日新聞2010年1月27日

職選挙法第9，第10条，地方自治法第18，第19条は，「選挙権・被選挙権を日
本国民」としていることが実定法上の根拠だとされる。定住イギリス人の国政

レベルでの参政権が争われた事件で最高裁は，「選挙権は日本国民に限る」という見解を支持した（1993年 2 月26日判決）。ここには，国民主権主義から論理必然的に国民＝国籍保持者にだけに参政権が付与されるとする伝統的な考え方が横たわっている。

2　最近の有力説

　この説によると，国政レベルでの選挙権と地方レベルでの選挙権とに分けて考察し，当面は地方レベルでの選挙権を定住外国人に認めるべきであるとする。その背景として，国民主権国家という枠組みを考えると国政レベルの選挙権はむずかしい点，定住外国人の多くを占める在日韓国人・朝鮮人の本国との関係が問題となるという点などが挙げられる。この有力説の根拠は，つまり定住外国人に地方レベルでの参政権を認める理由は，地方自治体の行政が住民の日常生活に密着している，とくに在日韓国人・朝鮮人に配慮する必要がある，生活基盤がどこにあるかを基準にして選挙権を認めるかどうかを考えるべきである，外国人も納税の義務を果たしている，などである。また憲法第93条では地方議会等の選挙は「住民」が選挙する，と定めていることも根拠になる。在日韓国人が地方選挙権を求めた訴訟で最高裁判決は，永住外国人に地方参政権を付与することを憲法は禁止していないが，国政レベルでの選挙権は国民主権原理から外国人には否定されるとした（最判1995年 2 月28日）。

①　永住外国人の地方選挙権法案

　1998年以来国会にこの法案が提出されて議論が開始されている。その内容は，満20歳以上で同じ市町村に 3 カ月以上住む永住外国人に地方レベルでの選挙権が付与されるというものである。選挙権を希望する永住外国人は，「永住外国人選挙人名簿」へ登録することにより選挙権を付与される。被選挙権は，対象外である。この法案は，政府与党内で根強い反対論があり，継続審議になっている。

②　永住外国人

　永住外国人は，日本人と結婚したり，在住期間が長かったりして法務大臣が許可した一般永住者（2018年段階で77万人）と，旧植民地出身者とその子孫であ

る特別永住者（32万人）がいる。すなわち，2018年の段階で約110万人の永住外
国人が，日本では生活している。

3　諸外国の例

　選挙権に関して諸外国はどうなっているのであろうか？　地方レベルの選挙
権については，一定の条件つきで外国人にも認める国がある。たとえばス
ウェーデン，デンマークは3年以上合法的に定住した外国人には認めている。
オランダは5年以上合法的に定住した者には認めている。ロシアでは，永住者
には選挙権を保障している。ニュージーランドでは，1年以上居住している永
住者に地方レベルだけでなく国政レベルの選挙権も認めている。ヨーロッパ連
合（EU）では，連合市民に地方レベルでの参政権を認める体制が確立されて
いる。→資料7-4

　また，2005年韓国では，19歳以上の永住外国人に地方レベルでの選挙権を付
与するよう公職選挙法を改正した。

　相互主義という観点からは，外国人に地方レベルの選挙権を保障している国
の国民には，日本でも同様に地方レベルの選挙権を保障すべきであるといえよ
う。

参考文献

　徐龍達編『定住外国人の地方参政権──開かれた日本社会をめざして』（日本評論社，1992
　　年）

　後藤光男「おかしいぞ　通説憲法──外国人の人権」法学セミナー503号，1996年，34頁以
　　下

　近藤敦「永住外国人の地方選挙権をめぐる最近の論点」法学セミナー552号，2000年，58頁
　　以下

　近藤敦『外国人参政権と国籍〔新版〕』（明石書店，2001年）

　近藤敦『外国人の人権と市民権』（明石書店，2001年）

　山田鐐一・黒木忠正『わかりやすい入管法〔第6版〕』（有斐閣，2004年）

　手塚和彰『外国人と法〔第3版〕』（有斐閣，2005年）

【復習問題】

＊外国人の人権

　　次の（　）に語句等を入れなさい。

　　外国人とは，（　①　）でない者をいう。外国人の人権に関して，多数説は，（　②　）説と呼ばれている。すなわち，外国人にも人権は保障されるが人権の性質によって保障されにくいものがあるという見解である。

　　外国人の（　③　）が争点となったのは，（　④　）事件である。アメリカ人が在留更新の申請を（　⑤　）にしたが，棄却されたので提訴した事件である。

＊外国人の選挙権

　　外国人の選挙権に関して，否定説と有力説がどういう見解か簡単に書きなさい。

第 **8** 章　環境権

1　憲法上明記されていない人権

　時代の変遷，社会の発展に伴って，憲法制定時には予想しえなかった人権問題に直面することになる。日本国憲法も施行後70年以上が経過した。その間，さまざまな人権にかかわる問題が議論されてきた。憲法に明文化されていない人権に関する議論は，1950年代後半のプライバシーの権利をめぐって起こってきた。本格的に議論されたのは，1960年代後半の高度経済成長期にさまざまな社会問題が噴出したときである。環境権，平和的生存権，知る権利，アクセス権などが憲法上明記されていない人権として主張されてきた。2000年に国会に設置された憲法調査会では，環境権や知る権利などの人権を憲法に導入するのかどうかも検討対象となっている。このように憲法上明記されていない人権とは，憲法制定時には考えられなかったが時代の変遷・社会の発展とともに主張されるようになってきた人権である。

2　環境権

1　環境問題と人権

　現在，グローバルな規模で環境破壊が進行しており，21世紀においても解決されねばならない重要課題の1つに環境問題が位置づけられている。地球規模での環境問題を，いかにして解決していったらよいのであろうか。抽象的にいうならば経済・開発優先の観点からエコロジー（環境保護）優先の観点へ，企業活動や政府の環境保護行政を転換させていかねばならないであろう。その際に，環境破壊を防止し環境を保護するためには人権の確立が重要になってくる。つまり環境問題は人権問題として把握しなければならないのである。

　このような考え方の萌芽になったのが，1972年ストックホルムで開催された国連人間環境会議で採択された人間環境宣言である。そのなかで「環境権」コンセプトが確認された。またそれから20年後の1992年ブラジルのリオ＝デ＝ジャネイロで「環境と開発に関する国連会議（UNCED）」が開催された。世界の首脳が参加したことから「地球サミット」と呼ばれたこの会議では，地球規模での環境保護と開発のあり方について議論された。この会議でも「環境権」コンセプトが確認されている。近年は，気候変動による災害・山火事等が世界的に生じている。この気候変動による気候危機に対して，世界で若者が授業放棄をしてデモや集会をする活動が広がっている。「Fridays For Future」（未来のための金曜日）とか「Global Climate Strike」（グローバル気候ストライキ）が欧州を中心に広がっている。

　日本でもすでに1970年に日本弁護士連合会の人権擁護大会で「環境権」コンセプトが提唱されている。このような地球規模での環境問題が生じてくるなかで登場してきたのが，新しい人権としての「環境権」である。

2　環境権の内容

　環境権とは，一般に「環境を支配し良好な環境を享受する権利」とか「健康で快適な環境の回復・保全を求める権利」などと定義されている。環境権は，

〈環境権〉

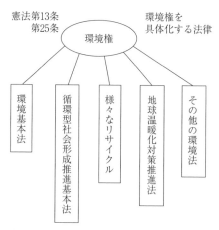

憲法第13条
第25条

環境権を
具体化する法律

環境権

環境基本法

循環型社会形成推進基本法

様々なリサイクル

地球温暖化対策推進法

その他の環境法

資料8-1 出典：筆者作成

人間の生命・健康を維持するためには，環境の破壊（公害など）によって住民に被害が生じてからでは遅いので，生命健康被害が生じる前の段階で環境破壊（公害など）防止を可能にしようとする発想に基づいている。そして環境権は，民事上の差し止め請求を根拠づけるとともに憲法上の人権としても把握されるのである。

　環境権という場合の環境の内容はどのようなものであろうか。この点については，自然的環境（空気・水・日照・静穏など）に限定する見解が一般的である。しかし文化財・景観などの歴史的文化的環境やさらに上下水道・公園・道路の整備といった社会的環境も含まれるとする説もある。この説に対しては，環境権の内容が広がり過ぎて権利性が弱まってしまうと，一般的見解から批判されている。

　日本の憲法には明文で「環境権」の規定はない。それでは，いったい憲法のどの条文から環境権を導き出すのであろうか。第13条から導き出す説や第25条から導き出す説があるが，第13条と第25条の双方から導き出す説が多数説である。すなわち，第13条については，本質的に人間の幸福追求には良好な環境が必要不可欠であり，環境保護は幸福追求権の内容になるので，第13条により環境権が保障されると解される。第25条については，人間の生存の基本条件である水・空気・資源などが汚染されると健康で人間らしい生活が脅かされるので，環境権は第25条により保障されると解される。このように解することにより環境権は，国家による環境破壊からの自由として，また環境を保護するよう国家に対して積極的な施策を要求する権利として性格づけられる。この環境権を具体化・実現するために環境基本法を中心としたさまざまな環境にかかわる法律が制定されている。→資料8-1

　ドイツでも日本と同様に「環境基本権＝環境権」を基本法へ導入するのかど
うかをめぐって長期間議論されてきたが，1994年11月の基本法改正で新たな第
20a条，国家目標規定「環境保護」が導入された。この規定は，基本権（人権）
という性格をもつものではないが，客観法としての性格を有するものである。
この新たな規定は，国家の環境保護政策・環境保護立法を推進する役割を期待
されている。

　環境保護に関して，中心的論点の1つに人間中心主義の環境保護かエコロ
ジー中心主義の環境保護かという論点がある。人間中心主義の立場では，環境
保護は人間の利益のためになされることになるが，エコロジー中心主義の立場
からは，人間の利益から独立した自然や景観（生態系）それ自体のための保護
も認められることになる。この対立は，環境保護か開発かどちらの利益にウエ
イトを置くのかをめぐって争われるときに重要性を増すであろう。

3　裁判例と自然・動物の権利

　裁判例ではこれまで環境権を明確に認めたものはない。ただし実質的に環境
権を認めたと評価されている裁判例として，大阪空港訴訟の控訴審判決（大阪
高判1975年11月2日）がある。この判決では，憲法第13条と憲法第25条から平穏・
自由で人間たる尊厳にふさわしい生活を営む権利を人格権として導き出し，住
民の損害賠償請求と夜間飛行差し止め請求を認めた。

奄美・自然の権利訴訟

　これは，1995年2月に鹿児島地裁に提訴されたゴルフ場開発許可をめぐる裁
判である。この訴訟では，住民（人間）だけでなく，動物（アマミノクロウサギ
など）も原告として名を連ねている。この訴訟では，動物にも人権（環境権を含
めて）が認められるのか，あるいは動物も原告として認められるか（原告適格が
あるのか），などユニークな論点が提起された。2001年1月の鹿児島地裁判決で
は，原告の訴えは認められなかったが，「自然の権利」に理解を示す内容でも
あった。この訴訟では，これまでの人間中心主義の自然観，個人的利益の救済
という法の枠組みに問題提起がなされたのである。

　このような見解を根拠づけるのが，「自然・動物の権利」という発想である。

これは，次のような発想である。自然・動物にも法的な保護を付与して，それを権利として構成することが可能であり，この権利は自然・動物に固有な権利としてとらえられる。そしてこの権利の侵害に対しては自然・動物自体が訴えることができ，その訴える権利は市民が代理人として行使できる，という発想である。この権利は，「環境権」の発展した内容としても構成されているであろう。

2002年 EU 加盟国で，ドイツが初めて憲法（基本法）に「動物保護」規定を導入した（基本法第20a 条）。この規定は，国家目標規定であり国家が動物保護のために積極的に政策を展開する義務を負うという内容である。

参考文献

大塚直・北村喜宣編『環境法学の挑戦——淡路剛久教授・阿部泰隆教授還暦記念』（日本評論社，2002年）

浅川千尋『国家目標規定と社会権——環境保護，動物保護を中心に』（日本評論社，2008年）

南博方・大久保規子『要説環境法〔第四版〕』（有斐閣，2009年）

阿部泰隆・淡路剛久編『環境法〔第4版〕』（有斐閣，2011年）

大塚直『環境法 BASIC〔第2版〕』（有斐閣，2016年）

桑原勇進『環境法の基礎理論——国家安全保障義務』（有斐閣，2013年）

富井利安編『レクチャー環境法〔第3版〕』（法律文化社，2016年）

【復習問題】

＊環境権

　環境権の憲法上の根拠を挙げ，その内容を簡単に書きなさい。

＊裁判例について

　大阪高裁判決の概要と判決内容を簡単に書きなさい。

第9章　表現の自由

▷キーワード▷▷▷

憲法第21条，優越的地位，検閲の禁止，税関検査訴訟，報道の自由と知る権利，性的表現の自由，ヘイト・スピーチ

1　表現の自由の意味内容

1　意味内容

　憲法第21条で保障されている表現の自由は，どのような意味・内容なのであろうか？　人間はいろいろなことを考えたり頭のなかでまとめたり，ある事柄に対してなんらかの印象をもったり感じたりする。人間は，そのような考え方・意見・感性をさまざまな方法を用いて言い表わすことができるのである。表現の自由とは，このような考え方・意見・感性をさまざまな方法で表明する自由である。それでは「表現の方法」にはどんなものがあるのか？　憲法第21条では，「言論・出版・その他一切の表現の自由」という文言が用いられている。したがって言葉による方法（＝言論），活字による方法（＝出版）だけでなく，考えられるありとあらゆる方法（＝その他一切）によることができるのである。たとえば手話，絵画，音楽，放送，パフォーマンス，アート等々である。最近，アートをめぐっては愛知県が後援しているトリエンナーレ展に対して文部

科学省が補助金を支給しないことを決めた。この措置は，国家による表現の自由への介入・規制であるという批判がなされている。

　また，この点とも関連して問題になりうるのは，象徴的表現といわれるような方法が保障されるのかどうかである。たとえば，ある政府や国家に対する抗議の意思表示としてその国旗を焼く行為が第21条で保障されるのかどうかである（たとえば1987年沖縄読谷事件）。表現の自由を保障する観点からは，できる限り広く表現の自由の範囲が把握されるべきである。他人の権利や利益を侵害しない限り保障されるべきであるし，他人の人権と矛盾・衝突した際に調整する必要から一定の制約を受けるだけである，と考えられる。アメリカ合衆国では，1989年に連邦最高裁が合衆国国旗を焼くことによって政治的意思を表明する行為は憲法修正第１条によって保障されている表現の自由だとしている（高良鉄美「日の丸焼却と表現の自由（上）」71頁以下）。

　表現の自由は，われわれ一人ひとりに保障された個人的表現の自由だけでなく，集団的表現の自由も含まれる。すなわち，共通の目的，共通の考え方をもった人間が集団で活動し集団で意思表明をすることがある。今日のマスメディア・マスコミの巨大化により，一人ひとりの人間の発言はあまりインパクトを与えないが，集団的な発言はインパクトを与えることが十分にある。したがって，今日でも集団的表現の自由は重要であるといえよう。近年は，SNSにより集会やデモを呼び掛けたり，支援活動などを呼び掛けたりすることができる。このような活動も集団的表現の自由として位置づけられる。

　集団的表現の自由を憲法第21条は，集会・結社の自由として保障している。これらの自由は，一定の場所を前提とする場合もあるので，とくにその場所の利用に関する他人の権利・利益との調整が必要になる。道路・公園・公会堂などの公共の場所，施設における集会・デモ行進が問題となる。これについて，道路交通法による集会・デモ行進の制約，公安条例による集会・デモ行進の制約などが問題となる。

2　優越的地位

　表現の自由は，人権のなかで「優越的地位」を占めるといわれることがある。

これが意味することは次のことである。すべての人権は人間にとって不可欠な
ものであり重要であることはいうまでもないが，そのなかでも表現の自由は，
とくに重要な人権である。その根拠として挙げられるのは，①個人主義的意
義，②思想の自由市場論（社会的意義），③民主主義的意義である。すなわち，
表現の自由は個人の人格形成にとって不可欠のものであること（個人主義的意
義），思想の自由市場を通して真理に到達できること（思想の自由市場論），国民
主権下の代表民主制では主権者に判断材料を提供するために表現の自由が不可
欠であること（民主主義的意義）の 3 つが，表現の自由の「優越的地位」の根拠
である。このような「優越的地位」を占める表現の自由を中心とした精神的自
由は，経済的自由よりももっと厳格な基準によってしかその制約が許されない
とされる（これを二重の基準論と呼ぶ）。

2　検閲の禁止

1　意味内容

　表現の自由がきわめて重要な人権であり「優越的地位」を占めることから帰
結されるのは，表現の自由に対して事前の抑制を原則的に許さないという法理
である。表現がなされる前に公権力がこれを規制したりすることは，表現者を
萎縮させ国民の判断の機会を奪うことになりかねない。また表現の自由に対す
る公権力の恣意的な規制が行なわれる危険性がある。したがって，事前抑制は
禁止されねばならない。事前抑制の典型的なものは，検閲である。憲法第21条
第 2 項は，検閲の禁止について定めている。戦前の歴史が示すように検閲が国
民の思想統制のために利用されたことに鑑みて，現行憲法は検閲の禁止を明文
で規定したのである。したがって，検閲の禁止は絶対的禁止であると解され
る。検閲とは何であろうか？　検閲の概念は何であろうか？

　通説的立場は，検閲とは「公権力が外に発表されるべき思想内容をあらかじ
め審査し，不適当と認めるときは，その発表を禁止すること」である，として
いる。この説のポイントは，公権力が思想内容を事前に審査してその発表を禁
止するときだけ検閲に当たる，ということになる。議論になるのは，以下の点

である。

　まず，公権力というと裁判所（司法権）も含まれるが，たとえばプライバシーを保護するために裁判所の事前差し止めは許されないことになるのかどうかである。週刊文春事件では，一審の東京地裁では，原告のプライバシーを保護するために週刊誌の事前差し止めが認められた（週刊文春販売差止事件・2004年3月19日）。→資料9-1

　次に，思想内容だけの審査が検閲になるのかどうかである。思想といえるようなものでなくても，それが規制されると思想統制につながるおそれがあるのではないか。

　さらに，その発表の禁止だけが問題となるのかどうかである。ある表現行為の発表が禁止されなくても，それを受けとることができなければ，発表の禁止と同じなのではないかということである。

　有力説は，検閲とは「表現行為に先立ち行政権がその内容を事前に審査し，不適当と認める場合にその表現行為を禁止すること」である，と定義する。この説では，検閲の主体を行政権に限り司法権による事前差し止めは検閲に当たらないとする。そうすることで，検閲の絶対的禁止を相対化させないようにする。また，思想内容だけでなく表現行為の内容を事前審査することも検閲の構成要素になるとする。さらに，発表の禁止だけでなく表現行為を禁止すること

〈「週刊文春」事件〉

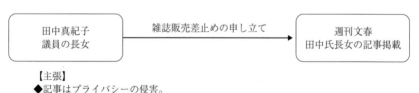

　　　　　　　　　　　【主張】
　　　　　　　　　　　◆記事はプライバシーの侵害。

　　……裁判所の判断……
　　〈第一審〉田中氏長女勝訴（販売差止め認める）
　　〈第二審〉田中氏長女敗訴
　　　　　　　（雑誌の記事によって重大で回復困難な損害を被るおそれはない）

資料9-1　出典：浦部法穂『憲法の本』（共栄書房，2005年）102頁

も許されないとする。検閲に該当するのかどうかで問題になってきたのは，教科書検定制度，税関検査制度などである。

2　税関検査事件

　原告が外国の商社に 8 ミリ映画フィルムや書籍などを注文し，郵便でこれを輸入しようとしたところ，函館税関札幌税関支署長からこれらの物件が男女の性器や性行為を描写したもので関税定率法第21条に該当する輸入禁制品であるという通知を受けた。そのため函館税関長に異議を申立てたが棄却されたので，この通知および異議棄却決定の取り消し等を求めて提訴した。

　一審札幌地裁は，この通知や異議棄却決定はその結果本件物件の輸入が禁止されるので検閲に当たり憲法第21条第 2 項に反すると違憲判決を下した（1980年 3 月25日）。これに対して二審の札幌高裁は，税関検査は「形式論理」上は検閲のカテゴリーに入るとしても，国は善良の風俗，とくに性に関する社会秩序を維持する使命をもっている，また性に関する表現物が無制限に流入すればわが国の善良の風俗を害する危険がある，としたうえで輸入規制は善良の風俗を維持するうえで必要なものなので憲法に違反しない，と判示した（1982年 7 月19日）。

　最高裁（最大判1984年12月12日）は，検閲を「行政権が主体となって，思想内容などの表現物を対象とし，その全部又は一部の発表の禁止を目的として，対象とされる一定の発表物につき網羅的一般的に，発表前にその内容を審査したうえで，不適当と認めるものの発表を禁止すること」であると定義した。そして次の 3 点から税関検査は検閲に当たらないと結論づけた。

　第 1 に税関検査により輸入が禁止される表現物は，一般に国外においてはすでに発表済みのものであって，その輸入を禁止したからといって，それは当該表現物につき事前に発表そのものを一切禁止するというものではない，また発表の機会が全く奪われてしまうというわけではない。

　第 2 に税関検査は，関税手続の一環としてこれに付随して行なわれるもので，思想内容などそれ自体を網羅的に審査し規制することを目的とするものではない。

　第3に税関検査は，行政権によって行なわれるとはいえその主体となる税関は，関税の確定および徴収を本来の職務内容とする機関であって，とくに思想内容などを対象としてこれを規制することを独自の使命とするものではない。検閲の定義をかなり狭く解しているこの判決に対しては，学説から批判が強くなされている。

3　その他の問題

　表現の自由をめぐっては，さまざまな問題がある。たとえば政治的表現の自由はどこまで保障されるのか，広告などの営利的表現の自由はどうなのか，名誉・プライバシーとの関係はどう考えなければならないのか，差別的表現の自由（ヘイト・スピーチなど）は規制されるべきかなど議論されるべき対象は多い。最近の例でも，反戦ビラ配布が政治的表現の自由としてどの程度保障されるのかをめぐって争われた事例がある。この事件で東京地裁は，政治的表現の自由が民主主義社会の根幹をなすと判断した。

1　報道の自由と知る権利

　近年再び議論となっているのは，報道の自由と知る権利である。憲法第21条によって報道機関には，報道の自由が保障されている。この報道の自由は，とくに国民の「知る権利」に奉仕するべきものである。ただし，報道機関の取材の自由は，どこまで保障されるのかなど議論となっている問題がある。

　この点が争点となった裁判で，最高裁は，博多駅フィルム提出命令事件で「報道機関の報道は，民主主義社会において，国民が国政に関与するにつき，重要な判断の資料を提供し，国民の『知る権利』に奉仕するものである。したがって，思想の表明の自由とならなで，事実の報道の自由は，表現の自由を規定した憲法第21条の保障のものとにあることはいうまでもない」としたが，「公正な刑事裁判の実現を保障するために，報道機関の取材活動によって得られたものが，証拠として必要と認められるような場合には，取材の自由がある程度の制約を蒙ることとなってもやむを得ない」と判示した（最大決1969年11月26日）。

　国家機密と報道・取材の自由および国民の知る権利が争われた外務省秘密漏えい事件（西山記者事件）で，最高裁は，「取材の自由もまた，憲法21条の精神に照らし，十分尊重に値する」と判示した（最大決1978年 5 月31日）。なお，2013年12月に「特定秘密保護法」が制定され，報道の自由や国民の「知る権利」が大幅に後退する恐れがある。

2　性的表現の自由

　性的表現の自由は，憲法第21条によって保障されているが，その一方で刑法第175条では「わいせつ文書等の頒布罪」が定められている。そこで，「わいせつ」とは，どのようなことを意味するのかが議論となる。

　この点に関して，チャタレイ裁判で最高裁は，「いたずらに性欲を興奮又は刺激せしめ，且普通人の正常な性的羞恥心を外害し，善良な性的道義観念に反するもの」が「わいせつ」であると確認した（最大判1957年 7 月13日）。この事件では，イギリスの作家ロレンスが執筆した『チャタレイ夫人の恋人』を伊藤整が翻訳して出版された本が，芸術的なものかわいせつな文書なのかが争われた。最高裁では，伊藤整と出版社側の有罪が確定した。

　この問題に関して，どのような根拠・基準に基づいて「性的表現の自由」の制約が許されるのかが問われている。

3　ヘイト・スピーチ

　最近，日本でも「ヘイト・スピーチ」が社会問題化している。ヘイト・スピーチとは，「国籍，性，人種，民族など自ら容易に変えることができない属性に関して嫌悪・憎悪の表現」である。

　たとえば，特定の在日外国人に対して「日本から出て行け」「殺せ」というようなデモが繰り返されている。このようなヘイト・スピーチは，法的に規制できるのであろうか議論されている。規制することが可能であるという見解が有力であるが，表現の自由との関係で慎重な見解もある。2013年頃から東京や大阪でヘイト・スピーチが激化してきた。京都朝鮮初級学校前で在特会のメンバーが街宣活動したことに対して，学校側がヘイト・スピーチにより生徒らの

76

尊厳・人格が傷つけられたとして在特会の活動の禁止と損害賠償を求めて提訴した。2014年に最高裁で在特会のメンバーへの1200万円の損害賠償責任と学校から半径20メートル以内での活動禁止が確定した。

2014年には，国連人種差別撤廃委員会が日本政府に対して法律による規制などによりヘイト・スピーチを禁止するよう勧告した。このような状況の下で，2016年に国会において，「本邦外出身者に対する不当な差別的言動の解消に向けた取組の推進に関する法律」，いわゆる「ヘイト・スピーチ解消法」が成立し6月3日に施行された。

ヘイト・スピーチ解消法は，「不当な差別的言動」は許されないものであると宣言しており，「専ら本邦の域外にある国若しくは地域の出身である者又はその子孫であって適法に居住するもの（以下この条において「本邦外出身者」という）に対する差別的意識を助長し又は誘発する目的で公然とその生命，身体，自由，名誉若しくは財産に危害を加える旨を告知し又は本邦外出身者を著しく侮蔑するなど，本邦の域外にある国又は地域の出身であることを理由として，本邦外出身者を地域社会から排除することを煽動する不当な差別的言動」を「本邦外出身者に対する不当な差別的言動」と定義している（法務省ウェブサイトより）。

ただし，禁止規定や罰則は設けられていない。国に対して相談体制の整備や教育，啓発活動の充実に取り組むことを責務と定め，自治体には同様の対策に努めるように求めている。

地方自治体でも，ヘイト・スピーチに対する対策を講じ始めている。ヘイト・スピーチ解消を盛り込んだ条例を制定している自治体は，大阪市（2015年），国立市（2018年），神戸市（2019年），ヘイト集会などのために公共施設を利用する際にどのような基準・手続きで利用できるか等定めているガイドラインを制定しているのは，川崎市（2017年）などがある。また，川崎市は2019年に「（仮称）川崎市差別のない人権尊重のまちづくり条例」制定に向けて議論を開始している。この条例（素案）では，初めて罰則を設けようとする内容も含まれている。

参考文献
奥平康弘『なぜ「表現の自由」か』（東京大学出版会，1988年）

高良良美「日の丸焼却と表現の自由（上）」琉大法学46号，1992年，71頁以下
奥平康弘『憲法の想像力』（日本評論社，2003年）
内野正幸『表現・教育・宗教と人権』（弘文堂，2010年）
金尚均編『ヘイト・スピーチの法的研究』（法律文化社，2014年）
前田朗『ヘイト・スピーチと地方自治体──共犯にならないために』（三一書房，2019年）

【復習問題】
＊表現の自由
　　次の（　）に語句などを入れなさい。
　　表現の自由は，憲法（　①　）条で保障されている。
　　表現の自由は，（　②　）地位を占めるとされている。
　　憲法では，事前抑制の禁止という意味で，（　③　）の禁止が定められている。
　　これをめぐって争われた裁判は，（　④　）検査事件である。
　　イギリスの作家（　⑤　）の小説＝（　⑥　）夫人の恋人を翻訳した作家
（　⑦　）整は，わいせつ罪で逮捕された。この事件では，1957年に（　⑧　）裁
で有罪が確定した。

＊自由権
　　次の人権で自由権はどれか。
　①　生存権
　②　労働権
　③　教育権
　④　表現の自由
　⑤　環境権

＊優越的地位
　　優越的地位の根拠を３つ挙げて簡単にその内容を説明しなさい。

＊新しい人権
　　次のなかで「新しい人権」でないものはどれか。
　①　環境権
　②　プライバシーの権利
　③　知る権利
　④　表現の自由

第10章　生存権

▷キーワード▷▷▷

社会保障法，社会保障の権利，生存権，健康で文化的な最低限度の生活，朝日訴訟，加藤訴訟

1　社会保障の法理論

　社会保障とは，一般的には国が生存権の主体である国民に対してその生活を保障するために社会的給付（生活保護，年金，福祉サービス等）を行なうことであるとされる。したがって，社会保障法とは，社会保障に関する法，すなわち国が生存権を保障するために社会的給付を行なう目的で制定された法律を指す。社会保障法の体系は，一般的に社会保険，公的扶助，社会福祉，公衆衛生の4部門からなる法体系として理解されている。

　公的扶助は，国が生活困窮者の生存権を保護することである。この部門には，生活保護法がある。社会福祉は，障害や高齢により働く能力が低いために生活が苦しい者に対して，国が，施設等を供与すること，または児童・老人等の社会的弱者の健康で文化的な生活を保護・向上させることである。これに関する法律には，児童福祉法，老人福祉法，身体障害者福祉法，介護保険法（ただし，介護保険は社会保険という側面もある）などがある。

　社会保険は，失業，傷害，疾病，死亡などの生活上の事故により国民が生活困窮状態に陥るのを保険による給付によって防止することである。国民年金法，国民健康保険法，厚生年金法，健康保険法，雇用保険法，などがこの部門の法律である。

　公衆衛生は，社会生活環境の変化に対応して，健康保護のために行なわれる予防医療的な対策・給付，公害対策，都市生活対策として行なわれる事業である。伝染予防法，予防接種法，環境基本法，水道法などが，この部門にかかわる法律である。

2　社会保障の権利

　社会保障の権利は，憲法第25条の生存権を中心にして論じられている。憲法第25条は，第28条までの社会権規定の総則的地位を占め，生存権を保障するとともに，その権利実現のために，国家に対して社会福祉，社会保障，公衆衛生の増進に努めなければならないことを要請している。憲法第25条では，「権利としての社会保障」が定められている。

　社会保障の権利は，資本主義の矛盾から生まれた権利であり，経済的社会的弱者が人間に値する生活をなしうるようにするために，国家の積極的な関与を求める権利である。生存権は，資本主義国家においては1919年にドイツのワイマール憲法において初めて憲法上規定された現代的な権利である。ワイマール憲法第151条は，「経済生活の秩序は，すべての人に人間たるに値する生活を保障する目的をもつ正義の原則に適合するものでなければならない」と定めていた。

　社会保障の権利を含めた社会権の特徴としては，権利の主体が，すべての国民であるが，主としては貧困者，失業者，労働者などの社会的経済的弱者であること，この権利の実現のために国家の積極的な関与を求める点で，国家に消極的な立場に立つことを要求する自由権とは異なることなどが挙げられる。社会保障の権利には，社会保障の給付を受ける権利がある。たとえば生活保護受給権，保険給付受給権である。生活保護法，介護保険法，雇用保険法などの保

護，介護サービス，手当などの受給を求める権利である。ただし，具体的な受給を求める権利は行政処分（保護給付や保険給付の決定）をすることにより発生すると考えられている。

3　裁判例

社会保障の権利をめぐって，とりわけ生存権の「健康で文化的な最低限度の生活」とは何かをめぐって裁判で争われてきた。ここでは，有名な朝日訴訟から最近の訴訟までいくつかの裁判例を取り上げてこの点を考察してみたい。

1　朝日訴訟

①　事件の概要

原告である朝日茂さんは，重度の肺結核のため国立岡山療養所に入所し，身寄りもなく収入がないので生活保護法に基づき医療扶助，生活扶助を受けて療養生活をしていた。しかし福祉事務所が調査したところ九州に実兄がいることが判明し，月1500円の仕送りを受けることになった。そこで国側（厚生大臣）は1956年8月よりそれまで朝日さんに支給していた日用品費月額600円を打ち切り，仕送りの1500円から600円を差し引いた900円を自己負担として医療費の一部に充当する処分を行なった。原告・朝日さんはこの処分に対して600円の日用品費のほかに補食費400円を認め，全部で1000円を手許に残して欲しいと訴えて不服申立てをしたが却下されたため，東京地裁に提訴した。→資料10-1

②　東京地裁判決（1960年10月19日）

生活保護法第3条にいう「健康で文化的な生活水準」は憲法第25条に由来し，必ずや国民に「人間に値しうる生存」あるいは「人間としての生活」というるものを可能ならしめる程度のものでなければならず理論的には特定の国における特定の時点においては一応客観的に決定すべきものであり，またしうるものである，と判示した。そして最低限度の生活水準の認定は第一次的には政府に委ねられているが，それも憲法に由来する生活保護法第3条，第8条第2項に覊束される，とした。そのうえで本件保護基準において，補食費400円分を

〈朝日訴訟〉

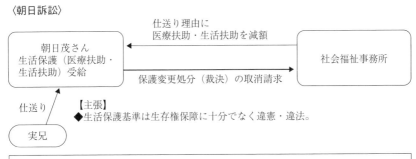

資料10-1　出典：浦部法穂『憲法の本』（共栄書房，2005年）113頁

医療費自己負担から控除することは，原告の「健康で文化的な生活水準」を維持するために必要不可欠であるとして原告の主張を認めた。

③　最高裁判決（1967年 5 月24日）

　一審の判決後国側の控訴を受けて控訴審の東京高裁は，本件当時の日用品費600円はすこぶる低額に過ぎるとしつつも，さらにそれを違法と裁判所が断定するには被控訴人の資料が不十分であるとして原判決を取り消した。そこで朝日さん側が最高裁へ上告した。

　朝日さんが死亡するに至ったため，訴訟の争点は朝日さんの養子夫婦により本件訴訟が継承できるかどうかが中心となった。この点について最高裁は，「本件訴訟は，上告人の死亡と同時に終了し，同人の相続人……においてこれを継承しうる余地はない」と判示した。さらに「なお，念のために，本件生活扶助基準の適否に関する当該裁判所の意見を付加する」とし，「何が健康で文化的な最低限度の生活であるかの認定裁判は……当不当の問題として政府の政治責任が問われることはあっても，直ちに違法の問題を生ずることはない。……法律によって与えられた裁量権の限界をこえた場合または裁量権を濫用した場合には違法な行為として司法審査の対象となることをまぬがれない」と判

示した。

2　その他の訴訟

　1981年に当時の厚生省が生活保護行政の適正化を名目に生活保護を制限する方向に向かい始めてから，各地では生活保護をめぐって訴訟が起こされている。

①　加藤訴訟

　事件の概要　　原告である加藤鉄男さんは，リューマチが悪化して身体障害者になり妻も腰などを痛めて働けなくなったため，1979年6月から妻と2人分の生活保護を受けていた。夫婦は将来介護費用が必要になった場合に備え，生活保護費と原告の障害年金の一部を預金に回した。ところが秋田県は，原告が生活を切り詰めて蓄えていた預金の大部分を「資産」と認定し生活保護費の支給を減らしたうえ，預貯金の半分以上を「弔慰金」として墓石購入や葬儀代などに使い道を限定するよう指示した。そこで加藤さんが県の福祉事務所長を相手に減額処分の取消しなどを求めて提訴した。この訴訟の背景には，国が1981年に打ち出した「生活保護の適正実施」方針により生活保護の資格審査が厳しくなる一方で医療福祉が不十分な現状がある。

　秋田地裁判決（1993年4月23日）　　秋田地裁は，生活保護や障害年金などから蓄えた預貯金について，「最低限度の生活を下回る生活をすることによって蓄えたもので，その分の生活費を減額することは本来的になじまず，被保護世帯が一定の預貯金によって将来の出費に備えることも，ある程度是認せざるを得ない」と判示した。そのうえで減額処分の取消しをする原告勝訴の判決が下された。

②　その他

　また，1999年6月11日の金沢地裁判決では，母親が生前積み立てていた月額2万円の身心障害者扶養共済年金を収入と見なして生活保護費を減額した処分を取り消す判決が下された。裁判所は，「この年金は生活保護費の上乗せ的な性格のもので，収入認定の対象としてはならない」と判断した。最高裁は，2004年3月16日に生活保護受給者が娘の高校進学に備えて積み立てていた学資

保険の満期返戻金を「収入」として，生活保護費から削った福岡市の福祉事務所長の処分を取り消した（朝日新聞2004年3月16日記事参照）。

参考文献

中村睦男『社会権の解釈』（有斐閣，1983年）

大須賀明『生存権論』（日本評論社，1984年）

中村睦男・永井憲一『現代憲法大系7　生存権・教育権』（法律文化社，1989年）

内野正幸『社会権の歴史的展開──労働権を中心にして』（信山社，1992年）

本沢巳代子『公的介護保険──ドイツの先例に学ぶ』（日本評論社，1996年）

厚生省介護保険制度施行準備室監修／増田雅暢『わかりやすい介護保険法〔新版〕』（有斐閣，2000年）

菊池馨実「新しい生存権論」法学教室250号，2001年，64頁以下

藤井俊夫『憲法と人権Ⅱ』（成文堂，2008年）

葛西まゆこ『生存権の規範的意義』（成文堂，2011年）

加藤智章・菊池馨実・倉田聡・前田雅子『社会保障法〔第7版〕』（有斐閣，2019年）

第11章　教育と人権

1　教育を受ける権利

1　意義・内容および法的性格

　憲法第26条は，すべての国民が人権としての「教育を受ける権利」を有する
こと，また教育の基本は法律によらなければならないこと，さらに子どもをも
つ国民は子どもに普通教育を受けさせる義務を負い，その教育は無償であるこ
とを定めている。第26条を具体化する法律として，教育基本法・学校教育法な
どが存在する。→資料11-1

2　「教育を受ける権利」の
保障の意義

　通説とされてきた見解（経済
的権利説）は，教育を受ける権
利は国家が教育の機会均等につ

〈教育と人権〉

資料11-1　出典：筆者作成

き経済的に配慮すべきことを国民の側から要求できる権利であると意義づける。この見解では，もっぱら経済的側面での条件整備を国家に要求するという点を重視している。

　それに対して，教育を受ける権利は，主権者たる国民が一定の政治的能力を備えて民主主義政治を担うことを可能ならしめる権利である，と意義づける見解がある。

　さらに近年有力になってきている見解（学習権説）は，すべての国民は生まれながらにして教育を受け学習して人間として成長・発達する権利（＝学習権）を有するのであり，この学習権を充足するために国家は教育条件を整備しなければならないのであり，教育を受ける権利に基づいて国民は，国家に対してこのような条件整備を要求しうる，と意義づける。このように学習権という視点から第26条を再構成しようとする傾向が有力になってきている。裁判例でも杉本判決（東京地判1970年 7 月17日）や最高裁旭川学力テスト事件（最大判1976年 5 月21日）で，学習権の観念は承認されている。

3　教育の機会均等の意味

　第26条第 1 項は「その能力に応じて，ひとしく」と定めており，教育基本法第 4 条は「人種，信条，性別，社会的身分，経済的地位又は門地によって，教育上差別されない」と定めている。この意味について，すべての者に同じ内容の教育を受けることができるようにすることを要請するものではなくて，各人の能力の違いに応じて教育内容に区別を設けることまで禁止されないと一般には解されている。これに対して，この意味を積極的に解して，各人の能力の発達を助長するような条件，環境の下で国民が教育を受ける機会をひとしく保障されるべきことを定めたものと解する見解もある。

4　義務教育の無償の意味

　第26条第 2 項は，義務教育は無償であると規定しているが，この「無償」の意味については見解が分かれる。通説・判例（最大判1964年 2 月26日）は，教育の対価たる授業料の無償を定めたものと解する（授業料無償説）。これに対し

て，義務教育に関しては授業料，教科書代，教材費，学用品その他就学必需費
一切は無償であるとする見解がある（就学必需費無償説）。最近の三位一体改革
をめぐる議論で，義務教育費の国庫負担分を削減すべきかどうかが焦点になっ
ている。

「教育を受ける権利」の法的性格

この権利は，自由権的側面と社会権的側面を併有する複合的な権利である。
すなわち，国民が具体的な教育内容を国家の干渉なく決定できるという教育の
自由ないし教育権を有する（自由権的側面）ということを前提にして，国家に
対して外的な教育条件整備を通して適切な教育の場を保障するように求める権
利（社会権的側面）である。この権利について，プログラム規定なのかそれと
も具体的権利なのかをめぐって学説は分かれるが，裁判規範性をいかにして高
めていくのかが追究されねばならないであろう。

2　教育権の所在

教育権とは，具体的な教育内容を決定実施する権利である。教育権の所在に
関しては，国家に教育内容に対して介入する権能を認める「国家の教育権」説
か，国家の教育内容に対する介入を否定し国民が教育の主体であるとする「国
民の教育権」説かという対抗関係が存在してきた。

「国家の教育権」説は，第26条第2項の「すべて国民は，その保護する子女
に普通教育を受けさせる義務を負ふ」という規定から，憲法は国民と国家の権
利義務関係を規律するものであるから，義務教育に関する同条同項の反面から
して，国家に教育する権利が認められるとする。そして国会および行政府に教
育内容を決定する権能を肯定する。裁判例では，高津判決（東京地判1974年7月
16日）が，国は福祉国家理念に基づき教育行政を推進する責務を負っているの
であり，国の権能は教育内容にも及ぶと判示して，この立場を採用した。

これに対して「国民の教育権」説は，子どもの「教育を受ける権利」（学習権）
を重視し，これを第一義的に充足すべき親ないし親を中心とした国民には教育
権があり，またその教育権を教員に付託しているのであるから，教員は国家の

干渉を排して教育内容を決定し自由に教育する権利があるとする。裁判例では，杉本判決（東京地判1970年7月17日）が，子どもの教育を受ける権利に対応して子どもを教育する責務を負うのは親を中心として国民全体であるとし，国家に与えられる権能は教育条件を整備することであると考えられ，国家が教育内容に介入することは基本的には許されないと判示して，この立場を採用した。

このような対抗関係に対して，最高裁は旭川学力テスト事件（最大判1976年5月21日）で，2つの見解はいずれも一方的であり採用できないとして，国・教師・親・私学が必要かつ相当と認められる範囲において，教育内容を決定する権能を有すると判示した（範囲確定アプローチといわれる）。学説でもこれまで「国民の教育権」説ではあまり意識されてこなかった教師・親・子どもなどの教育当事者の対抗関係が意識され，「教育権の所在についての解釈方法として，教師，親，私学，国といった教育関係者の教育権能の範囲をそれぞれ憲法上の根拠に照らして明らかにして」いかねばならない，と主張されるようになってきた。また従来は国家対国民（教員・親・子ども）という対抗関係で教育をめぐる裁判が行なわれてきたが，近年は国家（学校）・教員対親・子どもという対抗関係での裁判が増加している。

参考文献
兼子仁『教育法〔新版〕』（有斐閣，1978年）

永井憲一『憲法と教育基本権〔新版〕』（勁草書房，1985年）

村上義雄ほか編『体罰と子どもの人権』（有斐閣，1986年）

坂本秀夫『「校則」の研究——だれのための生徒心得か』（三一書房，1986年）

永井憲一・中村睦男『現代憲法大系7 生存権・教育権』（法律文化社，1989年）

広沢明『憲法と子どもの権利条約』（エイデル研究所，1993年）

内野正幸『教育の権利と自由』（有斐閣，1994年）

永井憲一編『憲法と教育人権』（日本評論社，2006年）

内野正幸『表現・教育・宗教と人権』（弘文堂，2010年）

88

【復習問題】

＊教育権

　　次の（　）に語句・数字等を入れなさい。

　　憲法第（　①　）条では，教育を受ける権利，（　②　）の無償などを定めている。
　この権利の法的性格は，（　③　）に属するとされている。

＊教育権の意義

　　憲法第26条の意義について妥当なものはどれか。

　　①教育を受ける権利は，国民すべてに教育の機会を保障するものではない。

　　②教育の機会均等は，すべての国民に全く同じ内容の教育を保障すべきだという
　意味である。

　　③教育を受ける権利は，国民が経済的面で配慮され誰にも教育の機会が保障され
　ることである。

第12章　労働と人権

▷キーワード▷▷▷

憲法第27条，労働権，憲法第28条，労働基本権，団結権，団体交渉権，団体行動権，プロ野球選手会のストライキ，公務員の労働基本権

1　労働権

1　はじめに

憲法第27条は，労働権および労働の義務，労働条件の法定，児童酷使の禁止を定めている。当初労働権は，個人が自由に労働することや労働の機会を得ることを国家が侵害してはならないという，いわゆる「労働することの自由」として把握されていたが，その後資本主義経済の発展に伴い失業問題など労働者の困窮が社会問題化するにつれ，国家に対して積極的な施策を要求する権利（社会権）として把握されるようになった。

2　法的性格と内容

①　法的性格

労働権の法的性格については，国家に対して国民に労働の機会を保障する政治的義務を宣言したにすぎないとするプログラム規定説と国家が必要な立法や

施策を講じないときは，国の不作為による侵害を裁判上争うことができるとする具体的請求権説とに分かれる。裁判所は，具体的権利性を否定している（東京地判1952年7月24日）。

② 内　容

労働権は，労働の能力と意思を有するが労働の機会が与えられない者が，国に対して労働の機会を与えるように要

〈労働と人権〉

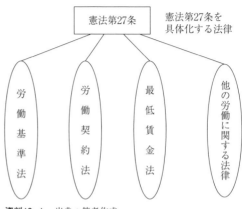

資料12-1　出典：筆者作成

求する権利であり，その要求が実現されないときは相当の生活保障を要求しうる権利である。すなわち，国家に対して雇用の保障を要求する権利である。国家が雇用を保障するためにさまざまな施策・措置を講ずる義務を負っている。しかし，失業率の増加，リストラなど労働者に雇用が十分に保障されていない現状がある。また，非正規雇用者が全体の3割以上にも及んでいる現状や長時間労働やサービス残業・過労死などの問題もクローズアップされている。

労働条件の法定の趣旨は，労働条件の決定を労使間の契約に任せられた結果，経済的に弱い立場の労働者の人間的な生存が脅かされて来た歴史的経験に照らして，国が労働者保護のために積極的に立法によって「契約の自由」に介入し，労働者の「人間に値する生存」を保障しようとするものである。この規定を受け，労働基準法，最低賃金法，雇用対策法，雇用保険法などが制定されている。この点について，労働法の規制緩和（とくに労働基準法の改正）により，女子労働保護規定の縮減，裁量労働制の拡大，派遣労働制限の緩和等が実現され，労働者の労働条件が悪化する危険性が生じている。近年，政府が働き方改革を提唱するなかで長時間労働などの見直しがなされている。→資料12-1

児童の酷使の禁止は，労働関係での年少者の保護が不十分であった過去の経験に鑑みて，とくに明文で定められたのである。

2　労働基本権

1　はじめに

憲法第28条は労働基本権＝労働三権（団結権，団体交渉権，団体行動権）について規定している。ここで「勤労者」というのは，「労働者」と同じ意味であると解されている。すなわち，自己の労働力を商品として売って生活する者である。労働組合法第3条では，「労働者」とは職業の種類を問わず賃金，給料その他これに準ずる収入によって生活する者をいう，と定められている。労働基本権は，常に経済的に従属的な地位にある労働者に，実質的な自由と平等を確保し，もって「人間に値する生存」を保障しようとするところに意義がある。当初労働基本権は，資本家と労働者との階級闘争を背景にしていたため国家により敵視されるなどされていたが，資本主義の矛盾が顕在化するなかで，労働運動や社会主義運動の展開によって発展させられてきた。

2　法的性格と内容

①　法的性格

労働基本権の法的性格については，自由権として把握する見解もあるが，この権利の歴史的背景から鑑みて，社会権として一般に把握されている。もちろん，労働基本権は労働者が団結し，団体交渉や争議行為をすることが国家により禁止されたり，刑罰の対象にされたりしない自由としてもとらえられるので，自由権的側面を併有するものである。また，この権利は国家のみならず私人（使用者，第三者）をも直接拘束するものと解される。

②　内　容

まず，団結権は，労働者が労働組合等の団体を結成したり，それらに加入したりする権利である。この権利は，労働者が使用者と対等の立場に立ち労働条件を維持・改善するために認められたものなので，労働組合への加入強制が許される点（たとえばユニオン・ショップ制）で，憲法第21条で保障されている結社の自由とは性質が異なる。この権利から，団体の構成員に対する統制権が引

〈労働基本権の保障の仕組み〉

☆関連法令等⇒労働組合法など
■労働基本権（社会権）

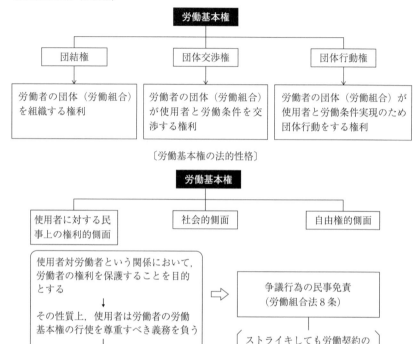

資料12-2　出典：神田将『図解による憲法のしくみ』（自由国民社，2013年）75頁

き出され，統制違反者に対する制裁を科すことが可能であるとされるが，構成
員個人の権利・自由（思想・信条の自由など）との関係で問題になることがある。
　近年，ユニオン・ショップ制などの問題点・統制権の問題点が指摘されてい
る。そこでは，団結権からア・プリオリに統制権を導き出す論理が批判的に検
討され，労働者が個人として有する市民的自由などの権利を尊重することが強
調されている。労働組合の政治活動（特定の政党支持や特定候補者支持）をめぐっ

て争われた事件では，組合の方針に反して選挙に立候補しようとした組合員に対する統制処分が許されない，と判示された（三井美唄労組事件・最判1968年12月4日）。

次に，団体交渉権は，労働者がその団体を通して労働条件の維持・改善などについて使用者と交渉する権利である。使用者が労働者の代表者と団体交渉することを正当な理由なく拒むことは，不当労働行為（労働組合法第7条違反）となる。また団体交渉の結果，労使間で合意に達した事項は「労働協約」として結ばれ，その協約には「規範的効力」が認められる。

さらに，団体行動権は，争議権ともいわれるが，労働者の団体がその要求の手段として，ストライキ，サボタージュ，ピケッティングなどの争議行為に訴える権利である。また「その他の団体行動をする権利」として，デモや集会などを含む集団示威行動が挙げられうる。団体行動権（争議権）の保障とは，次のことを意味する。第1に，正当な争議行為に対しては刑罰を科してはならない（刑事免責），第2に，使用者は争議行為に参加したものに対して，損害賠償を求めたり懲戒処分をしたりしてはいけない（民事免責），ということである。ここでは，正当な争議行為の範囲が問題になる。→資料12-2

3　プロ野球選手会とストライキ

2004年9月18日，19日にプロ野球選手会は，ストライキを決行した。選手会は，1980年に社団法人として設立され，1985年に労働組合としても認められた。選手は，労働組合法第3条で定められている「労働者」に当たると解釈されている。今回は，オリックス・ブルーウェーブと近鉄バファローズとの合併問題に端を発して，合併やそれに伴う労働条件について経営者側と団体交渉を行なってきた。しかし，合意が得られなかったためにストライキ権を行使したのである。

経営者側は，選手会のストライキは違法な行為であり損害賠償請求も検討していると発言していた。その論理は，球団合併というのは経営事項にかかわることだから労使交渉の対象にはならない，というものである。しかし，選手会のストライキは，球団合併とそれに伴う労働条件をめぐる交渉が合意に至らな

プロ野球、スト決定

きょう・あす12試合
来季 球団数で溝

根来氏、辞任の意向

プロ野球労使再編を巡る日本プロ野球組織（NPB＝日本野球機構）と労働組合日本プロ野球選手会（古田敦也会長＝ヤクルト）の団体交渉にあたる協議・交渉委員会は17日、都内のホテルで約10時間に及ぶ交渉の結果、選手会は13、19日の両日に計6試合でプロ野球史上初のストライキを行うことを決めた。25、26日にも実施するとしているが、両者は継続する交渉を続ける予定。18日の交渉で打開策を文書で提示していた根来泰周コミッショナーは、受け入れられなかったため、辞任する意向を固く表明する意向を明らかにした。

（2面に「時時刻刻」13・20・21・34・35面に関連記事）

合併に伴って協議団体を左原則・19日の両日に計6試合でプロ野球史上初のストライキを行うことを決めた。

争点となったのは来季移る近鉄選手を巡りの球団数。選手会はリックスと近鉄の合併を含め来季選手を巡る「ある程度、球団減の自由を始めるべく」という選手会の要求は、P6球団に新規参入企業を認める一方で、最大の焦点となる来季向けては時間的な余裕がないることから、来季もはならないと回答した。

古田会長は交渉後の記者会見で「誠意を持って審査する」とは思ってもらったが、「最大限努力する」という言葉がいただけなかったのが、妥結できなかった大いなどと回答した。

声明を読み上げる瀬戸山陽三選手関係委員長（右）と古田敦也選手会長＝17日午後5時44分、東京都内のホテルで

経営側「縮小」に固執

解説 選手側はスト合わない、と繰り返して詰めるところまで詰めたとした。回復に向けて、最後の最後までの交渉に尽きたが、双方の溝はきわめて深く、新規参入を楽天の正式申請に言及したが、東京放送は正式には明言せず、東京放送は「繰り返しも経営側の新規をシーズン」への動きに向けて最大限の努力を払い込みシーズン新規参入へ向けてパナルも来季はせず、5球団。新規参入は間に

経営側はスト合意を「コミッショナーの提案は重く受け止めている」と語り、今後の交渉で話をめることになるとした。双方は9、10日にあっていることで合意し、11...

というが、古田会長と話し、今後の交渉で話をめることになるとした。

1点目の交渉で、新規球団の加盟連絡を積極的に進める今後、経営者側の新規球団再編の動きが歩みの姿勢はファンのプロ野球

ストライキの対象となる試合は次の通り。

【18日】セ・リーグ＝中日―巨人（18時）、ヤクルト―ナゴヤドーム、神宮（18時20分）、横浜―広島（18時20分）、横浜（マバ・リーグ＝日本ハム―近鉄（13時）札幌ドーム、オリックス―ロッテ（13時）、ヤ―ダイエー（13時）、ヤフー―ダイエー（13時）、西武（13時）西武ドーム

スト対象試合

【18日】セ・リーグ＝中日―巨人（18時）、ヤクルト―阪神（18時20分）、神宮、横浜―広島（18時20分）、横浜（マバ・リーグ＝日本ハム―近鉄（13時）、本ハム・近鉄（13時）札幌、オリックス―ロッテ（13時）、ヤフー―ダイエー（13時）、西武（13時）、西武ドーム

12日のストを回避していた。その後、IT関連企業のライブドアやNPB加入問題で新規参入をを熱望し、インターネット上物販店の楽天が楽天も参入を表明している。

交渉は1時間後に始まった団交は、当初の予定を超過し、午後5時過ぎまでもつれ、両者が記者会見に臨んだ。

12日のストを回避していれ、離れを加速させるかもしれない。

〈プロ野球選手会団体交渉拒否事件〉

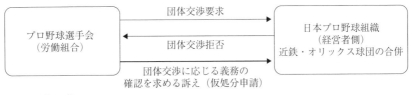

【主張】
◆合併は選手・職員の雇用にかかわる問題であり
　経営者側は団体交渉に応じる義務がある。

……裁判所の判断……
〈第一審〉経営者側の主張を認める決定（合併問題は団体交渉の対象にならない）
〈第二審〉選手会側の主張を認める決定
　　　　　　（労働条件にかかわる事項であり経営者側は誠実に団体交渉すべき）

資料12-4　出典：浦部法穂『憲法の本』（共栄書房，2005年）121頁

かったことを理由とするので，「正当なストライキ」に当たると考えられる。
→資料12-3，12-4

4　公務員の労働基本権

　公務員の労働基本権については，警察・消防・監獄・自衛隊・海上保安庁などの職員には三権が全面的に否定されている。また非現業の公務員には団結権しか認められていない。さらに現業の公務員と公営企業体などの職員には団結権と団体交渉権は認められているが，団体行動（争議）権は認められていない。このような公務員の労働基本権の制限に対しては学説上批判が強く，違憲論が強く主張されている。→資料12-5，12-6

　判例では，当初「全体の奉仕者」論（憲法第15条第2項）や「公共の福祉」論を理由にして制限を認めていた（政令201号事件・最大判1953年4月8日）。しかし，60年代になり労働基本権の制限は「合理性の認められる必要最小限のものにとどめられねばならない」（全逓東京中郵事件判決・最大判1966年10月26日）という立場から，限定解釈や比較衡量の手法を採用し，制限に限界を課すようになった（都教組事件判決・最大判1969年4月2日）。ところが，70年代になると最高裁は判

〈労働関係法律および労働基本権の概況〉

職員の区分		適用法律	団結権	団体協約締結権	争議権
国家公務員	一般職 非現業職員	国家公務員法	○ (108条の2) 警察職員，海上保安庁職員，監獄職員，入国警備官×	× (108条の5)	× (98条)
	一般職 現業職員 特定独法職員	特労法 (労組法，労基法)	○ (4条)	○ (8条)	× (17条)
	特別職 裁判所職員	裁判所職員臨時措置法(国公法を準用)	○ (国公法108条の2)	× (国公法108条の5)	× (国公法98条)
	特別職 国会職員	国会職員法	○ (18条の2)	× (18条の2)	× (18条の2)
	特別職 防衛省職員	自衛隊法	× (64条)	× (64条)	× (64条)
地方公務員	一般職 非現業職員	地方公務員法 (労基法)	○ (52条) ※1	× (55条) ※2	× (37条)
	一般職 現業職員 (地方公営企業)	地公労法(労組法，労調法，労基法)	○ (5条)	○ (7条)	× (11条)
	単純労務職員	地公労法(準用) (地公法，労組法，労調法，労基法)	○ (5条)	○ (7条)	× (11条)

※1　警察職員及び消防職員×。
※2　法令・条例等に抵触しない範囲での書面協定は締結できる。
㊟1．○印は権利が認められているもの，×印は禁止されているものを示す。
　　2．適用法律欄の括弧書きは，併せて適用される法律を示す。
　　3．裁判所職員，国会職員及び防衛省の職員を除く特別職の国家公務員並びに特別職の地方公務員については，労働組合法第3条の「労働者」に該当する場合は労働組合法及び労働関係調整法が適用される。
出所：国公労連調べ（2008年国民春闘白書）
資料12-5　播磨信義・上脇博之・木下智史・脇田吉隆・渡辺洋編著『新・どうなっている!? 日本国憲法——憲法と社会を考える〔第3版〕』(法律文化社，2016年) 74頁

例変更を行ない，公務員の労働基本権（争議行為）の全面一律禁止を合憲とする判決を行なった（全農林警職法事件・最大判1973年4月25日，全逓名古屋中郵事件・

〈主要国の公務員の労働基本権の概要〉

国名	団結権	団体交渉権	争議権
アメリカ	○ （軍人，FBIの職員等を除く）	給与についてはなし ○（軍人，FBIの職員等を除く）	×
イギリス	○ （警察，軍人等を除く）	○ （警察，軍人等を除く）	○ （警察，軍人等を除く）
ドイツ	○	○ （官吏の協約締結権を除く）	○ （官吏を除く）
フランス	○ （軍人等を除く）	○ （軍人等を除く）	法が規定する範囲内○ で行使（警察・軍人等を除く）
日本	○（警察・軍人の他，消防職員，監獄職員，海上保安庁職員を除く）	△ 協約締結権はなし	×

※日本は一般行政職
出所：国公労連調べ（2008年国民春闘白書）
資料12-6　播磨信義・上脇博之・木下智史・脇田吉隆・渡辺洋編著『新・どうなっている!?日本国
　　　　憲法——憲法と社会を考える〔第3版〕』（法律文化社，2016年）74頁

最大判1977年5月4日）。そしてこの傾向は現在も続いている。近年は，手続的な面からも公務員の労働基本権の保障を考察する見解が有力になってきている。

参考文献
大久保史郎「労働と憲法」樋口陽一編著『講座・憲法学　第4巻　権利の保障』（日本評論社，1994年）
大脇雅子・中野麻美・林陽子『働く女たちの裁判——募集・採用からセクシャル・ハラスメントまで』（学陽書房，1996年）
福島瑞穂『裁判の女性学——女性の裁かれかた』（有斐閣，1997年）
西谷敏「勤労権と立法者の労働条件基準法定義務」ジュリスト1244号，2003年，122頁以下
川井圭司「プロ野球選手の法的権利をめぐって——選手会のストを考える」法学教室291号，2004年，4頁以下
渡辺賢『公務員労働基本権の再構築』（北海道大学出版会，2006年）
和田肇『人権保障と労働法』（日本評論社，2008年）
中窪裕也・野田進『労働法の世界〔第13版〕』（有斐閣，2019年）

【復習問題】

*労働権

　次の（　）に語句などを入れなさい。

　労働に関して，まず（　①　）権が憲法（　②　）条で保障されている。この権利は，国民が国に（　③　）の保障を求める権利である。

　労働に関する人権の2つ目は，労働者にだけ保障される（　④　）権である。この権利は，労働（　⑤　）ともいわれている。すなわち，団結権，（　⑥　）交渉権，団体行動権（争議権）である。これらの権利は，憲法（　⑦　）条で保障されている。

*バイト学生の事例

　次の事例で，バイト学生はどのような法的主張ができるか，また法的対抗措置を取れるか書きなさい。とくに憲法との関係を中心にして書きなさい。

　学生Aは，コンビニでバイトしていたが，店長から「あんたは，バイトでの接客態度が悪いので，明日から来なくていい」といわれた。

第13章 国会と内閣

▷キーワード▷▷▷

議会制民主主義，国民主権，国民の代表，国権の最高機関，唯一の立法機関，国会の権能，議院内閣制，首相公選制，内閣，控除説

1　議会制民主主義と国会

1　議会制度

　近代市民革命以降，国民の代表者＝議員から成る今日のような議会制度が形成された。議会では，国民代表者＝議員が議論を経て議決し国の政治のあり方が決定される。議会は，国民の権利や自由を守るために法律を制定し，法律に基づいて行政が行なわれる（法の支配，法治主義）。このことにより，議会が行政府をコントロールする。国民主権原理に基づく民主主義制度の下では，議会制度と民主主義が結合して議会制民主主義が成立する。議会制民主主義では，主権者である国民と国民代表者（議員）から成る議会との結合が重要である。国民の多様な意見が反映される議会が，国の政治の中心となる。

　日本国憲法では，前文で，「日本国民は国会の代表者を通じて行動し」，国民主権原理に基づき，「権力は国民の代表者がこれを行使」すると定められている。第1条でも国民主権原理が定められている。国会議員は，全国民の代表者

〈両議院の組織・権限の仕組み〉

☆関連法令等⇒国会法・公職選挙法
■両議院の組織・権限

衆議院	国　会	参議院
465人	議員の定数	248人
4年（解散があれば資格を失う）	任　期	6年（3年ごとに半分が選挙で入れ替わる）
18歳以上	選　挙　権	18歳以上
25歳以上	被選挙権	30歳以上
小選挙区：289人（全国300区） 比例代表：176人（全国11ブロック）	選　挙　区	小選挙区：148人（各都道府県単位で47区） 比例代表：100人（全国ブロック）
あり	解　散	なし
あり	内閣不信任	なし

■「代表」の意味

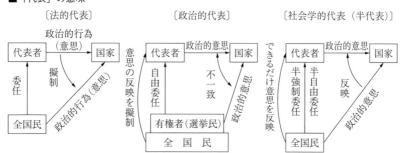

資料13-1　出典：神田将『図解による憲法のしくみ』（自由国民社，2013年）107頁

（憲法第43条）であり，選挙は普通選挙により行なわれる（憲法第15条）。このように，わが国は，主権者である国民が普通選挙により選出した国民代表機関（国会）が中心となり権力を行使するという議会制民主主義を採用している。

　国会の現状をみると，議会制民主主義が形骸化している面があるといえる。たとえば，国会で十分な審議がなされることなく重要な法案が可決されていくような現状である。国民代表機関でありまた国権の最高機関でもありかつ唯一の立法機関である国会には，議会制民主主義を復権させる役割を担っていくことが期待される。

2　国会の地位

国会は，以下の３つの地位を有する。

①　国民の代表機関

すでに述べたように憲法前文・第１条や第43条によると，主権者である国民によって選出された国民の代表者（議員）から成る国会が，権力行使の中心となる機関であるということになる。憲法第43条は，「両議院は，全国民を代表する選挙された議員でこれを組織する」と定めている。「国民の代表」という意味について，国民主権原理の解釈と関連させて次の２つの理解がある。

（a）　純粋代表

国民を抽象的な観念的な存在とし，代表者が表明した意思を国民の意思とする。代表者は，選挙母体（有権者）から独立した自由な表決ができる（自由委任）。したがって，代表者（議員）は，選出母体（有権者）を代表するのでなく全国民を代表するという純粋代表（政治的代表）であることになる。

（b）　半代表

国民を具体的に存在する一人ひとりの国民とし，国民の意思を代表者が代弁する。代表者は，選挙母体（有権者）の命令に法的に拘束される（命令委任）。したがって，代表者（議員）は，選挙母体（有権者）の意思を忠実に反映させなければならない。議会は，できるだけ国民の多数の意思を代表する機関とならなければならない。このような代表を半代表（社会学的代表）という。

憲法第43条の「国民の代表」の意味は，一般的に純粋代表だと考えられる。すなわち，代表者（議員）は，選挙母体（有権者）の法的な命令には拘束されずに全国民の代表として活動する政治的責任を有する。しかし，議会制民主主義に基づく代表概念の下では，代表者（議員）と国民（有権者）との結合が重要であり，代表機関ではできるだけ国民の意思が反映されねばならない。その意味では，半代表（社会学的代表）という意味も含まれていると考えられる。**→資料13-1**

②　国権の最高機関

憲法第41条は，国会を「国権の最高機関」であると定めている。この最高機関の意味について，一般的には「政治的美称」説が採られている。すなわち，

〈衆議院の優越〉

	法律案	予算案	条約	内閣総理大臣の指名
条文	59条	60条	61条	67条
衆議院による再議決	出席議員の3分の2以上	なし（衆議院の議決が国会の議決になる）		
両院協議会の開催	任意（衆議院から開催要求可）	必ず開催		
参議院が議決をしない場合（休会中を除く）	衆議院の可決した法律案を受け取った後60日以内に議決をしないと否決したとみなされる	衆議院の可決した予算案を受け取った後30日以内に議決しないと，衆議院の議決が国会の議決となる		衆議院が指名の議決をした後10日以内に指名の議決をしないと，衆議院の議決が国会の議決となる

資料13-2　出典：駒村圭吾編『プレステップ憲法〔第2版〕』（弘文堂，2018年）31頁

国会が国政の中心的地位にある重要な機関であるということを政治的に強調しているに過ぎないと主張する説である。

これに対して，国会は国民代表者として国家活動を創設・保持し決定するという国権を統括する機関であり，法的意味において国会の最高機関性を理解する「統轄機関説」が唱えられている。また，国会の最高機関性には法的な意味があり，国会は立法権のみならず行政や司法に関するさまざまな権限を有するので，三権を総合的に調整する機能を有するとする「総合調整機能説」も有力に主張されている。

③　唯一の立法機関

憲法第41条は，国会は「唯一の立法機関」であると定めている。ここでいう「立法」とは，実質的な意味の立法を意味している。すなわち，国民生活全般にかかわる一般的抽象的な規範の定立を意味する。直接，間接に国民の権利・義務にかかわる規範は，国会で定立されねばならない。これには，国会中心立法の原則と国会単独立法の原則がある。法律は，国会の議決でのみ成立する。例外として，国会各院の規則制定権（憲法第58条第2項），最高裁の規則制定権（憲法第77条第1項），内閣の政令制定権（憲法第73条第6号），地方公共団体の条例制定権（憲法第94条）がある。

3　国会の権能

国会の主要な権能には，以下のものがある。

①　法律の議決権（憲法第59条）

法律案は，国会で可決されたときに法律となる。

②　条約の承認権（憲法第61条）

条約締結権は，内閣にあるが，必ず国会の承認が必要となる。

③　内閣総理大臣の指名権（憲法第67条第1項）

内閣総理大臣は，国会議員のなかから国会の議決で指名される。

④　予算の議決権（憲法第60条，第83条）

国民の税金の使われた方（財政）に関して，「国の財政を処理する権限は，国会の議決に基づいて，これを行使しなければならない」と財政民主主義の原則が定められている。なお，予算はまず衆議院で審議され衆議院の議決が優先される。→資料13-2

⑤　国政調査権（憲法第62条）

国会は，国政に関する事項に関して調査する権限を有する。調査のために国会に関係者を参考人招致や証人喚問をすることができる。森友・加計問題では，国政調査権が発動された。

⑥　裁判官の弾劾裁判（憲法第64条）

不祥事等を起こした裁判官は，国会に設けられた弾劾裁判所で罷免されることがある。

⑦　憲法改正の発議権（憲法第96条）

憲法改正をするためには，各議院の総議員の3分の2以上の賛成で，国会が発議する。

2　議院内閣制と内閣

1　議院内閣制

立憲主義の下で，内閣の存立が議会の信任に依拠している制度を議院内閣制という。議院内閣制の原則には，内閣が議会に対して責任を負わなければなら

ないという責任内閣制，内閣は行政に関して連帯で責任を負わねばならないという連帯責任制，内閣は原則として議会の多数政党を基盤にして存立するという政党内閣制がある。→資料13-3

　議院内閣制は，イギリスで発達した制度であり，アメリカで採用されている大統領制と対比される。大統領制は，国民が直接大統領を選出する制度である。大統領が，直接国民に責任を負う制度である。この制度の下では，行政府と議会は対等であり，行政府の長である大統領は議会の解散権と法案の提出権を有さない。大臣は，議会と関係をもたないで直接大統領に対してのみ責任を

〈議院内閣制の仕組み〉

☆関連法令等⇒国会法
■議院内閣制

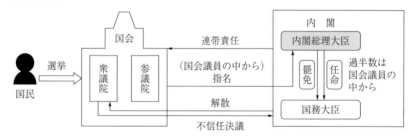

■議院内閣制と大統領制の違い

	議院内閣制	大統領制
権力分立との関係	緩やかな分離	厳格な分離
議会との関係	・大臣は議員の中から選出 ・議会での出席・発言の権利・義務がある	・議員との兼職禁止 ・議会での出席・発言の権利がない
協力関係が失われた場合	・議会は内閣の不信任決議ができる ・内閣は議会の解散権をもつ	・議会は大統領の不信任決議ができない ・大統領は議会の解散権をもたない
民主主義の観点	首相は議会から選出	大統領は国民から直接選出
民意との関係	民意の統合を重視	民意の反映を重視

資料13-3　出典：神田将『図解による憲法のしくみ』（自由国民社，2013年）147頁

負う。これに対して議院内閣制は，すでに述べたように内閣と議会の関係が密接であり，内閣は議会の信任に依拠している。内閣は，国民に直接責任を負うのではなく議会に対して責任を負う。

　日本国憲法では，議院内閣制が採用されている。内閣は，内閣総理大臣とその他の国務大臣で組織される（憲法第66条）。内閣総理大臣は，国会議員のなかから国会の議決で指名され（憲法第67条），内閣総理大臣が国務大臣を任命する（憲法第68条）。そして，内閣は，行政権の行使について，国会に対し連帯して責任を負う（憲法第66条第3項）。

　このように，わが国では内閣の存立が国会の信任に依拠している制度が採用されている。国会が内閣の責任を追及する手段として，衆議院による不信任決議がある（憲法第69条）。この場合には，内閣は10日以内に衆議院を解散するか総辞職をしなければならない（憲法第69条）。

　首相公選制

　最近，憲法改正論議のなかで首相公選論が唱えられている。内閣総理大臣を国民が直接選挙で選出できるようにする提案である。これを導入するためには，憲法第67条を改正しなければならない。首相公選制の導入には，首相の強力なリーダーシップが期待されること，国民の政治への関心を高めることというメリットがあるが，その一方で，首相の権力がかなり強化されるおそれや「政策」によって選出されるのではなく「人気」投票になる危険性があるというデメリットもある。いずれにしても，議院内閣制や議会制民主主義を根本的に修正させる制度なので，慎重な議論が必要である。

2　内閣と行政権

　憲法第65条は，「行政権は，内閣に属する」と定めている。内閣は，行政権を行使するが，「行政」とは何を意味するのであろうか。

　一般的には，「行政」とはすべての国家作用から立法と司法を除いたものを指す，と説明されている（控除説）。現代化に伴い，行政が著しく増大し，内容的に複雑多様化しまた外面で拡大し続けていることから，「行政」を積極的に定義することは困難である。→資料13-4

〈国の行政組織〉

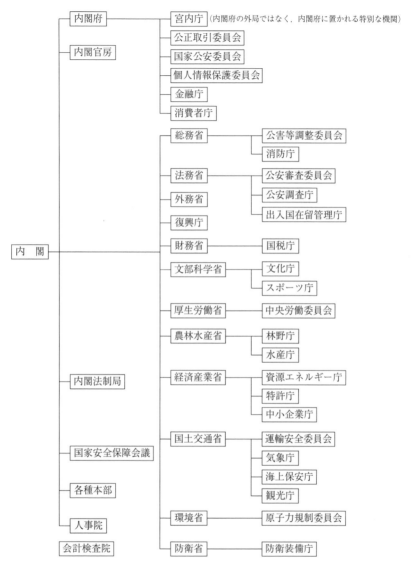

資料13-4 出典：北村和生・佐伯彰洋・佐藤英世・高橋明男『行政法の基本──重要判例からのア
プローチ〔第7版〕』（法律文化社，2019年）49頁（一部補訂）

　形式的意義における行政は，内閣その他の行政機関の権限に属する作用をいい，行政機関の行なう実質的意義における行政の他，実質的意義における立法（政令の制定，憲法第73条第 6 号），実質的意義における司法（前審としての裁判所，憲法第76条第 2 項）を含む。

　内閣は，内閣総理大臣とその他の国務大臣で組織され，その資格として，内閣総理大臣と国務大臣は文民でなければならず，また国務大臣の過半数は国会議員でなければならない（憲法第66条，第68条）。また，内閣総理大臣は，他の国務大臣を任命し罷免することができる（憲法第68条）。内閣は，内閣総理大臣と国務大臣から成る合議体であるので，「閣議」という会議で議論して決定する。

　内閣の職権は，憲法第73条で定められている。主な内容は以下のとおりである。①法律を誠実に執行し，国務を総理すること，②外交関係を処理すること，③条約を締結すること，④官吏に関する事務を掌理すること，⑤予算を作成し国会に提出すること，⑥政令を制定すること，⑦大赦，特赦，恩赦，減刑，刑の執行の免除などを決定すること。

　それ以外に，天皇の国事行為に対する助言と承認（憲法第 3 条，第 7 条），最高裁判所長官の指名（憲法第 6 条第 2 項）がある。

参考文献

浦部法穂・棟居快行・市川正人編『いま，憲法学を問う』（日本評論社，2001年）

宮地芳範「議会制民主主義」永田秀樹・和田進編『歴史の中の日本国憲法』（法律文化社，2002年）160頁以下

金子道雄「議院内閣制はいま」憲法研究所・上田勝美編『日本国憲法のすすめ──視角と争点』（法律文化社，2003年）154頁以下

植村勝慶ほか『現代憲法入門〔新訂版〕』（一橋出版，2004年）

井上典之「議会制民主主義──イラク特措法」法学セミナー593号，2004年，25頁以下

岡田信弘「議会制民主主義と日本の国会」法学セミナー599号，2004年，12頁以下

土井真一編『岩波講座　憲法 4 ──変容する統治システム』（岩波書店，2007年）

『特集・憲法　統治機構論入門』法学セミナー659号，2009年

伊藤真『伊藤真の憲法入門──講義再現版〔第 6 版〕』（日本評論社，2017年）

【復習問題】

* 議院内閣制の仕組み

国会と（ ① ）が密接に結びついている制度が議院内閣制である。国会には，衆議院と（ ② ）があるが，衆議院が優先する場合がある。たとえば，予算は，（ ③ ）で先に審議される。総理大臣の指名は，（ ④ ）で（ ⑤ ）の中から指名される。しかし両院で違う者を総理大臣に指名した場合には，（ ⑥ ）の指名が優先する。

* 議院内閣制

内閣の不信任決議をあげることができるのは，（ ⑦ ）だけである。これは，憲法第（ ⑧ ）条で定められている。

内閣は，総理大臣と（ ⑨ ）からなる組織である。総理大臣は，⑨を任命するが，過半数は（ ⑩ ）でなければならない。

* 内閣と行政

行政とは，（ ⑪ ）から司法と（ ⑫ ）を除いたものをいう。この考え方を（ ⑬ ）説という。

内閣には，（ ⑭ ）が属する。これは，憲法第（ ⑮ ）条で定められている。

第**14**章　司法権と裁判所

▷キーワード▷▷▷

司法権の特質，司法権の範囲，司法権の独立，裁判官の身分保障，裁判の公開原則

1　司法権と裁判所の権限

　憲法第76条1項では，「すべて司法権は，最高裁判所及び法律の定めるところにより設置する下級裁判所に属する」と定められている。司法権は裁判所に属する。わが国では，立法権は国会に（憲法第41条），行政権は内閣に（憲法第65条），そして司法権は裁判所に属するという三権分立制度が採られている。司法権とは，「具体的な争訟について，法を適用し宣言することによってこれを裁定する国家の作用」である。すなわち，社会で紛争が生じたときに，法を用いてその紛争を解決する国家の作用である。この作用を裁判所が行なうのである。

1　司法権の特質
　司法権の特質は，国会があらかじめ定めた法律を具体的な事件に適用してこれを法的に解決する作用だという点である。この意味は，紛争当事者間の具体

的な権利義務関係または法律関係の存否に関する紛争であって，それが法律を適用することによって終局的に解決することができるものであるということである。

　したがって，たとえば大学の学期末試験で不合格とされ単位が認定されなかったことだけを不服として，裁判所で争うことはしにくい。このような問題は，具体的な権利義務関係または法律関係ではないと考えられるかまたは裁判所で解決できる性質のものではないと考えられるからである。

2　司法権の範囲

　司法権は，裁判所に属するのであるが，その範囲はどこまで及ぶのか。明治憲法時代には，行政裁判は，司法権の管轄下に置かれていない行政裁判所を特別に設けそこが担当していた。司法裁判所は，民事裁判および刑事裁判だけを担当していた。

　それに対して，日本国憲法では，憲法第76条の趣旨からすると行政裁判も含めたすべての裁判が司法裁判所に属すると解釈される。例外は，国会議員の資格争訟裁判（憲法第55条），裁判官に対する弾劾裁判（憲法第64条），各議院の自律権に属する行為，行政機関や国会の自由裁量に属する行為，統治行為などである。

3　裁判所の仕組み

　憲法第76条では，司法権を行なう裁判所として，最高裁判所と下級裁判所を定めている。裁判所法では，下級裁判所として，高等裁判所・地方裁判所・家庭裁判所・簡易裁判所の４種類を設けている。裁判は，審級制が採られている。通常の訴訟は，一審地方裁判所，二審高等裁判所，そして最終審最高裁判所という三審制を採用している。→資料14-1,14-2

4　違憲審査制

　憲法第81条では，違憲審査制が定められている。最高裁は，最終的に法律・命令・規則・処分が憲法に適合するかどうか判断できる権限を有している。

〈裁判所の種類〉

名　　称	設置数・場所，権限
最高裁判所	東京に1か所，司法としての最終判断を下す。
高等裁判所	全国に8か所（札幌，仙台，東京，名古屋，大阪，広島，高松，福岡）あり，その内6か所に支部が置かれている。
地方裁判所	全国に50か所（北海道が4か所以外，46都府県にそれぞれ1か所）ある。原則的な第1審裁判所である。
家庭裁判所	全国に50か所（地裁と同じ），地裁と同格でとくに家事，少年事件を担当する。
簡易裁判所	全国に438か所あり，民事・刑事ともに少額・軽微な事件の第1審を担当する。

資料14-1　出典：駒村圭吾編『プレステップ憲法〔第2版〕』（弘文堂，2018年）53頁

2　司法権の独立と裁判官の身分保障

　国民の権利・自由を保護するためには，公正な裁判が保障されねばならない。司法権を行使する裁判所（裁判官）は，公正な裁判を担保するために，他の権力からの干渉を受けることなく，ただ法のみに従い他の何ものにも拘束されてはならない。「司法権（裁判官）の独立」の原則が，憲法で保障されている（憲法第76条第3項）。

〈上訴の仕組み〉

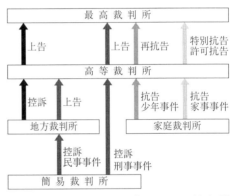

資料14-2　出典：駒村圭吾編『プレステップ憲法〔第2版〕』（弘文堂，2018年）54頁

　司法権の独立の原則は，司法権が他の権力から独立していること（広義の司法権の独立＝司法府の独立）と裁判官が裁判をする際に独立して職権を行使すること（狭義の司法権の独立＝裁判官の職権の独立）の2つの意味がある。その中心となるのは，裁判官の職権の独立である。

1　裁判官の身分保障

　憲法第78条は，裁判官の身分保障を定めている。裁判官の職権の独立を保障

〈日本における権力分立，抑制と均衡の仕組み〉

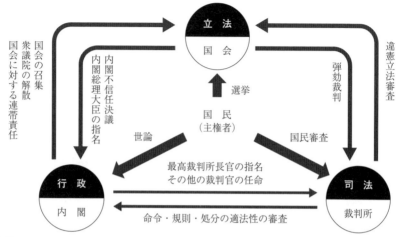

資料14-3　出典：駒村圭吾編『プレステップ憲法〔第2版〕』（弘文堂，2018年）12頁

するためには，裁判官の身分が保障される必要がある。

①　裁判官の罷免

裁判官の罷免は，裁判で心身の故障のため職務を執れないと決定された場合を除いて，公の弾劾によらなければできない。公の弾劾は，国会が設ける弾劾裁判所を指す（憲法第64条）。両院議員の各7名によって，構成される裁判所である。

②　裁判官の懲戒処分

裁判官の懲戒は，行政機関はすることができない。これは，司法権の独立性を尊重するという観点から，裁判所のみで可能であると考えられる。裁判官分限法で懲戒手続が定められている。

③　最高裁判所裁判官の国民審査

最高裁の裁判官には，国民審査による罷免の制度がある（憲法第79条第2項，第3項）。任命後初めて行なわれる衆議院議員選挙の際に，国民の審査に付され，その後10年を経過するごとに国民審査に付される。この国民審査は，形骸化されているといえよう。

④　定期的な相当額の報酬の保障

　財政的な面から裁判官の身分を保障しているのが，憲法第79条第6項および第80条第2項の定めである。裁判官は，定期的に相当額の報酬を受け，しかも在任中これを減額されない。

2　裁判の公開

　憲法第82条は，裁判の対審および判決を公開法廷で行なうことを定めている。裁判の公開は，密室で裁判が行なわれ恣意的な判決が下されることのないようにするために定められた原則である。「対審」とは，対立する当事者が裁判官の前でお互いの主張を闘わせることをいう。「判決」とは，対審に基づいて裁判官が判断を下すことをいう。裁判の公開を通して，国民による司法の監視が可能となる。国民は，自由に裁判を傍聴できる。傍聴人が法廷でメモを取ることが禁止されていたが，最高裁は1989年の判決でメモを取ることを容認した（レペタ訴訟）。このように，憲法上裁判公開の原則が明記されているが，訴訟関係人の人権（とくにプライバシー）を配慮することも必要である。家事審判や少年事件などでは，対審が公開されないことも認められている。

　三権分立制度では，各権力が相互にチェックしあってバランスを保っている。→資料14-3

参考文献
浦部法穂・棟居快行・市川正人編『いま，憲法学を問う』（日本評論社，2001年）
植村勝慶ほか『現代憲法入門〔新訂版〕』（一橋出版，2004年）
土井真一編『岩波講座　憲法4——変容する統治システム』（岩波書店，2007年）
伊藤真『伊藤真の憲法入門——講義再現版〔第6版〕』（日本評論社，2017年）

【復習問題】
＊チェック and バランス
　　次の①～⑥と（　　）に語句を入れなさい。

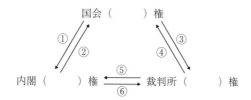

＊裁判所と司法

次の（　）に語句などを入れなさい。

司法権は，憲法（　①　）条以下で定められている。

司法権の独立は，裁判官の（　②　）独立が重要である。

裁判所には，法令・処分が憲法に適合しているかどうか審査する（　③　）がある。

第15章　国際協調主義と国際法

1　国際協調主義と憲法

　憲法第98条では，国際協調主義が採用されている。つまり同条第2項では，「日本国が締結した条約及び確立された国際法規は，これを誠実に遵守することを必要とする」と定めている。この内容は，日本という国または政府が他の国などと結んだ決まり事（おもに条約など）を誠実に守らなければならないということである。日本国憲法では，内閣に条約などの締結する権限が与えられている（憲法第73条）。ただし，国会の事前または事後の承認が必要である。

　国際社会において日本は，いかなる地位を占めるのであろうか。この点は，憲法前文で「日本国民は，恒久の平和を念願し，人間相互の関係を支配する崇高な理想を深く自覚するのであって，平和を愛する諸国民の公正と信義に信頼して，われらの安全と生存を保持しようと決意した。われらは，平和を維持し，専制と隷従，圧迫と偏狭を地上から永遠に除去しようと努めている国際社会において名誉ある地位を占めたいと思う」と定めている。

このように日本は，周辺諸国も含めて諸外国・国民と強調しあって世界平和を目指していくような外交を進めていかなければならない。そのことによって，日本は国際社会で名誉ある地位を占めることになる。

2　国際法と条約

現代社会は，人，物，お金，情報等が国境や地域を超えて移動する社会である。グローバル社会ともいわれている。とくに，IT や SNS の進展はすさまじくどこにいてもコンピュータやスマートフォン等によって，さまざまな情報にアクセスできまたさまざまな情報を発信できる社会となっている。このような国境や地域を超えた空間で人々は，さまざまな情報を得たり発信したりしている。しかし，なんでも自由に規制なく情報を得ることや発信することができるのであろうか？　あるいは，なんでも発信したりしてもいいのであろうか？そこには，一定の国際的な規制が存在する。それが，国際法といわれるルールである。

国際法とは，国家を主な構成員とする国際社会におけるさまざまな関係を規律する法である。それに対して，国内法は，政府（国家）内で様々な関係を規律する法である。国際法は，主に主権国家間でさまざまな国際関係を規律する法である。その中心となっているのが条約である。条約とは，国家間や国家と国際組織（たとえば国際連合など）間で締結される法的な合意である。条約は，一般に文書で締結されるが，例外的に口頭での合意もある。条約は，協定，議定書，規約，宣言等という名称がつけられているものもある。→資料15-1

国際法と国内法（憲法等）との関係は，どうなのであろうか？　この点について学説は，国際法と国内法が同一の法秩序内にありどちらかが優位するという「一元論」と国際法と国内法は異なる法体系であるとする「二元論」が主張されている。一元論には，ハンス・ケルゼンなどが唱えてきた「国際法優位の一元論」と国内法が国際法に優位すると考える「国内法優位の一元論」とがある。国際社会における国家という観点をどう評価するかによって，「国際法優位の一元論」か「二元論」かに落ち着くであろう。

〈条約の名称とその例〉

名　　称	日本語訳	例
Treaty　○	条約	対日平和条約，日米安保条約，欧州連合（EU）条約，北大西洋条約，南極条約，宇宙条約
Convention　○	条約	条約法条約，外交関係条約，国連海洋法条約，人種差別撤廃条約，ジュネーヴ捕虜待遇条約
Agreement　○	協定	世界貿易機関（WTO）協定，国連公海漁業協定，月協定，日米地位協定
Protocol　○	議定書	南極環境保護議定書，京都議定書，死刑廃止議定書，ジュネーヴ条約第 1 追加議定書
Charter　○	憲章	国連憲章，東南アジア諸国連合（ASEAN）憲章⇔（※国の経済的権利義務憲章×）
Constitution　○	憲章	国際労働機関憲章，ユネスコ憲章
Convenant　○	規約	国際連盟規約，国際人権規約
Statute　○	規定，憲章	国際司法裁判所規程，国際刑事裁判所規程，国際原子力機関憲章
Exchange of Notes ○	交換公文	日米安保条約第 6 条の実施に関する交換公文（1961年）
Arrangement	取極	メキシコとの円借款取極（1998年）○
Declaration	宣言	サンクト・ペテルブルク宣言○ ⇔（※世界人権宣言×，環境と開発に関するリオ宣言×）
Joint Declaration	共同宣言	日ソ共同宣言○
Memorandaum of Understanding(MOU)	了解覚書	日米オープンスカイ了解覚書○
Joint Communiqué; Joint Statement:	共同コミュニケまたは共同声明	日米共同声明×

○：ふつうは法的拘束力を有する条約　　×：法的拘束力をもたない文書　　※：国連総会決議
資料15-1　出典：加藤信行ほか編著『ビジュアルテキスト国際法』（有斐閣，2017年）36頁

〈条約の国内法上の位置〉

憲法

条約

法律

政令等

資料15-2　出典：筆者作成

　これとは少し視点が異なるが，条約などの国際法に国内的効力が認められた場合に，たとえば日本がある条約を締結してその条約を日本社会において適用させる場合に，どのような効力の位置づけが与えられるのかが議論となる。日本では，憲法，法律，政令といった法秩序のなかで国際法（条約など）はどこに位置

するのであろうか。日本では，一般的に憲法，条約，法律という位置づけと
なっている。→資料15-2

3　国際組織とEU

　国際法は，近代主権国家の誕生とともにその相互の関係を規律するために生
まれ発展してきた。ただ，19世紀後半以降，郵便，通信，衛星などの専門技術
的な事柄に関して国際協力をするために国際組織が設立されるようになった。
第一次世界大戦後には，紛争解決，安全保障，軍縮という政治的事柄のために
1920年に国際連盟が設立され，また第二次世界大戦後には，専門技術的事柄や
政治的事柄のために1945年に国際連合が設立された。国際復興開発銀行
（IBRD），国際通貨基金（IFM），国連教育科学文化機関（UNESCO）などの専門
技術組織や，欧州連合（EU），米州機構（OAS），東南アジア諸国連合（ASEAN）
などの地域組織も設立されるようになってきた。したがって，いまでは国際組
織は，国家と同じように重要な国際法の主体である。

　とくに，1989年ベルリンの壁崩壊，東西ドイツ統一，東欧諸国の民主化等に
基づく東西冷戦の終結により，「欧州統一」を目指した「EU」が　1993年に誕
生したことは注目に値する。当初12カ国であったが，28カ国にまで拡大しEU
域内での人や物の移動の自由，統一通貨（ユーロ）の導入，環境保護などで世
界を牽引する役割を果たしてきた。最近のEUは，2016年に英国がEU離脱決
定，シリアやアフリカからの多数の難民流入等で揺れ動いている。欧州の平和
を維持し統一をめざしているEUは，さまざまな試練にさらされている。今後
のEUの動向は，ますます注目される。

参考文献

天理大学EU研究会編『ドイツ統一から探るヨーロッパのゆくえ』（法律文化社，2016年）
加藤信行ほか編著『ビジュアルテキスト国際法』（有斐閣，2017年）
浅田正彦編『国際法〔第4版〕』（東信堂，2019年）

第16章　憲法改正をめぐる議論

▷キーワード▷▷▷

自民党憲法改正草案，立憲主義，憲法
第9条，国防軍，人権保障，新しい人
権，憲法第96条

1　最近の改正論議

　2012年衆議院議員選挙で自民党などの政党が，「憲法改正」を公約に掲げて選挙戦を戦った。「自民党憲法改正草案」では，憲法第9条の改正，人権条項の改正，憲法改正手続の改正など，これまでの立憲主義，国民主権，平和主義，人権保障という憲法の基本原則と抵触するのではないかという内容が含まれている。そのため，いわゆる「改憲派」の憲法学者からも批判をされている。日本国憲法では，第96条で「憲法改正（手続）」を定めているので「改正」自体は決してタブー視されてはならない。むしろ，積極的に憲法改正問題に関して，主権者である国民が議論していける土壌を形成していくべきである。

　憲法改正論議は，従来議論がされてきており，最近では2000年に国会に設置された「憲法調査会」が2005年に報告書を出している。以下では，この最近の憲法改正論議を紹介することにしたい。

2 憲法調査会の報告書と自民党憲法改正草案

1 憲法調査会の報告書

2005年に，憲法調査会の報告書が出された。ここでは，衆議院の憲法調査会の報告書の主な内容を紹介していく。

総論的なことでは，国民主権，平和主義，基本的人権の尊重という日本国憲法の基本原理は今後も維持すべきであるという意見が多数であった。憲法の役割に関しては，一方で近代立憲主義の理念に基づき国家権力を制限する役割を重視する立場，もう一方では，国家目標や国民の行為規範としての役割を重視する立場が唱えられた。この違いは，国民の義務規定を増やすか，憲法尊重擁護義務の名宛人に「国民」を加えるべきかの議論に結び付いている。

平和主義に関しては，とくに憲法第9条が果たしてきた役割を評価する意見が多く述べられた。また，少なくとも第9条第1項の「戦争放棄」の理念を堅持し平和主義を今後も維持すべきであるという意見が多数であった。自衛隊については，自衛権の行使が認められるべきかに関して，自衛権の行使としても武力行使は認められないという意見もあったが，自衛権の行使として必要最小限度の武力の行使を認める意見が多数であった。

基本的人権に関しては，近代立憲主義が国家権力の濫用から国民の基本的人権を守ることをその目的にしているのでその立場を重視すべきであるという見解と立憲主義を踏まえつつも基本的人権の保障について国家の積極的役割をも重視すべきであるという見解も出された。後者の立場からは，環境問題や人権間の調整，科学技術の進展等，国家からの自由（公権力の制限）だけでは対応できにくい問題に対して国家の積極的な役割を期待している。その結果，いわゆる新しい人権(環境権など)を憲法へ明記すべきだとする意見が多く出された。

国民の義務を増やすべきかについては，見解が分かれた。日本社会では，戦後，権利主張が横行し国家，社会，家族への責任・義務が希薄化しているので，国防の義務，環境保全の義務，投票の義務・家族の義務などを憲法へ導入すべきだとする見解と立憲主義の観点から憲法は国家権力を制限・コントロー

ルする規範であるので義務規定を増やしても問題は解決できないという見解に
分かれた。

2　自民党憲法改正草案

　2012年に出された自民党憲法改正草案については，立憲主義，平和主義，人
権保障の原則というこれまでの憲法の基本原則に反する内容が盛り込まれてい
るという批判が多く出されている。ここでは，憲法改正手続の緩和（憲法第96
条），平和主義（憲法第9条），集団的自衛権を中心にしてその内容を検討して
いくことにする。

①　憲法第96条改正

　自民党憲法改正草案によれば，憲法改正手続は，第96条から憲法第100条に
移されており，「この憲法の改正は，衆議院又は参議院の議員の発議により，
両議院のそれぞれの総議員の過半数の賛成で国会が議決し，国民に提案してそ
の承認を得なければならない。この承認には，法律の定めるところにより行わ
れる国民の投票におい有効投票の過半数の賛成を必要とする」と変更されてい
る（下線部が変更箇所である）。ここで一番問題なのは，これまで国会の総議員
の3分の2以上の賛成によらなければ改正の発議ができなかったものを「過半
数の賛成」で可能にできるように変更したことである。つまり，改正手続の「緩
和」が問題視されている。

　この改正を支持する者は，「いまの憲法第96条の3分の2以上の賛成で国会
が発議するという手続は，国民に憲法改正について議論させる機会を奪ってい
る」という趣旨を主張する。つまり，改正手続のハードルを下げることによっ
て，国民のなかにある「改憲アレルギー」を和らげようとする狙いがある。「自
民党憲法改正草案Q＆A」では，「国民に提案される前の国会での手続きをあ
まりに厳格にするのは，国民が憲法について意思を表明する機会が狭まれるこ
とになり，かえって主権者である国民の意思を反映しないことになってしま
う」と述べている。

　しかし，硬性憲法の軟性憲法化は，許されるのであろうか。近代立憲主義の
観点からすると，憲法は国家権力を制限する最高規範・根本法である。ときど

きの国会の多数派によって，相対的に簡単に「憲法改正発議」がされるということは，結局多数派の都合の良いような「憲法の変更」が可能となる危険性がある。その結果，国会の過半数の賛成で発議されるという手続は，「立法」（法律制定）と同じレベルに最高法規であり根本法である憲法の「改正手続」を下げてしまうことになる。このことは，立憲主義の原理の否定につながるといえよう。やはり，憲法改正については，通常の立法以上に厳格な手続が必要であるといえよう。

② 平和主義など

自民党憲法改正草案では，第2章を「安全保障」と変更して，第9条の二「我が国の国防軍を保持する」と定めている。第9条二の3で国防軍の活動を定めているが，国際平和活動などが挙げられている。そして，これに基づいて，国防軍による集団的自衛権（2）協力して，領土，領海及び領空を保全し，その資源を確保しなければならない」と定めている。この「国民と協力して」という文言は，場合によっては「徴兵制度」導入への足掛かりになる危険性もあるのではないであろうか。

この点に関しては，最近，安倍内閣は憲法解釈の変更によって「集団的自衛権の（限定）行使」が可能であるという立場を表明した。つまり，上記の憲法改正によらなくても「集団的自衛権の行使」ができるというのである。正規の手続を経ることなく「解釈改憲」で「集団的自衛権行使」を認めたこの立場には，憲法学者や元内閣法制長官を中心に批判が湧き上がっている。

「集団的自衛権」行使を支持する立場では，国際法上（とくに国連憲章第51条），「集団的自衛権」は当然認められるのであるというのが主要な根拠である。しかし，最終的に「集団的自衛権を行使するかどうかは国連加盟国の義務ではなく加盟国が独自にどうするか決められる」と考えられる。したがって，現行の憲法第9条からすると「集団的自衛権の行使」は認められないと解するのが妥当である。事実，従来の政府見解は，専守防衛としての個別的自衛権としての「自衛権」および「自衛隊」の存在を合憲としてきたのである。すなわち，国民の生命・財産等を守るために「必要最小限度の実力」＝「自衛隊」は憲法第9条に反しないという立場である。その立場に基づいて，「我が国は，国際法

上集団的自衛権を有しているが憲法第 9 条のもとでは行使できない」と説明してきたのである。したがって，「集団的自衛権行使」を認めるためには，憲法第 9 条を変更するのが筋である。

　近年は，内閣が憲法第 9 条への自衛隊明記，国家緊急事態条項や教育の無償化の明記，同性婚法を認めるためには憲法第24条の改正が必要だなどと主張している。ただし，これらの事項は，果たして憲法を改正しないとできないのか疑問である。そのほとんどが，法律改正で対処できると考えられる。

参考文献

日本弁護士連合会第48回人権擁護大会シンポジウム第 1 分科会実行委員会編『憲法は，何のために，誰のためにあるのか──憲法改正論議を検証する』(2005年)

自由民主党『日本国憲法改正草案 Q & A〔増補版〕』(自由民主党憲法改正推進本部，2013年)

小林節・伊藤真『自民党憲法改正草案にダメ出し食らわす！』(合同出版，2013年)

上脇博之『自民改憲案 VS 日本国憲法──緊迫！　9 条と96条の危機』(日本機関紙出版センター，2013年)

澤野義一「自民党憲法改正草案の検討」大阪経済法科大学法学論集72号，2014年，95頁以下

京都憲法会議監修／木藤伸一朗・倉田原志・奥野恒久編『憲法「改正」の論点──憲法原理から問い直す』(法律文化社，2014年)

全体を通じての主要参考文献

奥平康弘『憲法Ⅲ』（有斐閣，1993年）

芦部信喜『憲法学Ⅱ人権総論』（有斐閣，1994年）

上田勝美『新版　憲法講義』（法律文化社，1996年）

粕谷友介・向井久了編『事例で学ぶ　憲法』（青林書院，1997年）

榎原猛・伊藤公一・中山勲編『新版　基礎憲法』（法律文化社，1999年）

浦部法穂『入門憲法ゼミナール〔改訂版〕』（実務教育出版，1999年）

山下健次・畑中和夫編『ベーシック憲法入門〔第2版〕』（法律文化社，2002年）

永田秀樹・和田進編『歴史の中の日本国憲法』（法律文化社，2002年）

憲法研究所・上田勝美編『日本国憲法のすすめ——視角と争点』（法律文化社，2003年）

植村勝慶ほか『現代憲法入門〔新訂版〕』（一橋出版，2004年）

中川義朗編『現代の人権と法を考える〔第2版〕』（法律文化社，2006年）

根本博愛・青木宏治編『地球時代の憲法〔第3版〕』（法律文化社，2007年）

戸波江二編『やさしい憲法入門〔第4版〕』（法学書院，2008年）

市川正人『ケースメソッド憲法〔第2版〕』（日本評論社，2009年）

工藤達朗編『よくわかる憲法〔第2版〕』（ミネルヴァ書房，2013年）

石埼学・笹沼弘志・押久保倫夫編『リアル憲法学〔第2版〕』（法律文化社，2013年）

中村睦男編『はじめての憲法学〔第3版〕』（三省堂，2015年）

浦部法穂『憲法学教室〔第3版〕』（日本評論社，2016年）

君塚正臣『高校から大学への憲法〔第2版〕』（法律文化社，2016年）

水島朝穂『18歳からはじめる憲法〔第2版〕』（法律文化社，2016年）

播磨信義・上脇博之・木下智史・脇田吉隆・渡辺洋編著『新・どうなっている!? 日本国憲
　　法——憲法と社会を考える〔第3版〕』（法律文化社，2016年）

君塚正臣編『ベーシクテキスト憲法〔第3版〕』（法律文化社，2017年）

小沢隆一編『クローズアップ憲法〔第3版〕』（法律文化社，2017年）

澤野義一・小林直三編『テキストブック憲法〔第2版〕』（法律文化社，2017年）

小林武・石埼学編『いま日本国憲法は〔第6版〕』（法律文化社，2018年）

三浦一郎『リアルタイム法学・憲法〔改訂5版〕』（北樹出版，2019年）

芦部信喜（高橋和之補訂）『憲法〔第7版〕』（岩波書店，2019年）

井上典之編『「憲法上の権利」入門』（法律文化社，2019年）

奥野恒久『人権論入門　日本国憲法から考える』（法律文化社，2019年）

【資　　料】日本国憲法

日本国憲法

　朕は，日本国民の総意に基いて，新日本建設の礎が，定まるに至つたことを，深くよろこび，枢密顧問の諮詢及び帝国憲法第七十三条による帝国議会の議決を経た帝国憲法の改正を裁可し，ここにこれを公布せしめる。

　御名御璽

　　昭和二十一年十一月三日

　　　内閣総理大臣兼
　　　外　務　大　臣　　　　　吉田　　茂
　　　国　務　大　臣　男爵　幣原喜重郎
　　　司　法　大　臣　　　　　木村篤太郎
　　　内　務　大　臣　　　　　大村　清一
　　　文　部　大　臣　　　　　田中耕太郎
　　　農　林　大　臣　　　　　和田　博雄
　　　国　務　大　臣　　　　　斎藤　隆夫
　　　逓　信　大　臣　　　　　一松　定吉
　　　商　工　大　臣　　　　　星島　二郎
　　　厚　生　大　臣　　　　　河合　良成
　　　国　務　大　臣　　　　　植原悦二郎
　　　運　輸　大　臣　　　　　平塚常次郎
　　　大　蔵　大　臣　　　　　石橋　湛山
　　　国　務　大　臣　　　　　金森徳次郎
　　　国　務　大　臣　　　　　膳　桂之助

日本国憲法

　日本国民は，正当に選挙された国会における代表者を通じて行動し，われらとわれらの子孫のために，諸国民との協和による成果と，わが国全土にわたつて自由のもたらす恵沢を確保し，政府の行為によつて再び戦争の惨禍が起ることのないやうにすることを決意し，ここに主権が国民に存することを宣言し，この憲法を確定する。そもそも国政は，国民の厳粛な信託によるものであつて，その権威は国民に由来し，その権力は国民の代表者がこれを行使し，その福利は国民がこれを享受する。これは人類普遍の原理であり，この憲法は，かかる原理に基くものである。われらは，これに反する一切の憲法，法令及び詔勅を排除する。

　日本国民は，恒久の平和を念願し，人間相互の関係を支配する崇高な理想を深く自覚するのであつて，平和を愛する諸国民の公正と信義に信頼して，われらの安全と生存を保持しようと決意した。われらは，平和を維持し，専制と隷従，圧迫と偏狭を地上から永遠に除去しようと努めてゐる国際社会において，名誉ある地位を占めたいと思ふ。われらは，全世界の国民が，ひとしく恐怖と欠乏から免かれ，平和のうちに生存する権利を有することを確認する。

　われらは，いづれの国家も，自国のことのみに専念して他国を無視してはならないのであつて，政治道徳の法則は，普遍的なものであり，この法則に従ふことは，自国の主権を維持し，他国と対等関係に立たうとする各国の責務であると信ずる。

　日本国民は，国家の名誉にかけ，全力をあげてこの崇高な理想と目的を達成することを誓ふ。

第1章　天　　皇

第1条〔天皇の地位，国民主権〕　　天皇は，日本国の象徴であり日本国民統合の象徴であつて，この地位は，主権の存する日本国民の総意に基く。

第2条〔皇位の継承〕　　皇位は，世襲のも

のであつて，国会の議決した皇室典範の定
めるところにより，これを継承する。
第3条〔天皇の国事行為に対する内閣の助言
と承認〕　天皇の国事に関するすべての
行為には，内閣の助言と承認を必要とし，
内閣が，その責任を負ふ。
第4条〔天皇の権能の限界・天皇の国事行為
の委任〕　①　天皇は，この憲法の定め
る国事に関する行為のみを行ひ，国政に関
する権能を有しない。
②　天皇は，法律の定めるところにより，そ
の国事に関する行為を委任することができ
る。
第5条〔摂政〕　皇室典範の定めるところ
により摂政を置くときは，摂政は，天皇の
名でその国事に関する行為を行ふ。この場
合には，前条第一項の規定を準用する。
第6条〔天皇の任命権〕　①　天皇は，国
会の指名に基いて，内閣総理大臣を任命す
る。
②　天皇は，内閣の指名に基いて，最高裁判
所の長たる裁判官を任命する。
第7条〔天皇の国事行為〕　天皇は，内閣
の助言と承認により，国民のために，左の
国事に関する行為を行ふ。
　一　憲法改正，法律，政令及び条約を公布
　　すること。
　二　国会を召集すること。
　三　衆議院を解散すること。
　四　国会議員の総選挙の施行を公示するこ
　　と。
　五　国務大臣及び法律の定めるその他の官
　　吏の任免並びに全権委任状及び大使及び
　　公使の信任状を認証すること。
　六　大赦，特赦，減刑，刑の執行の免除及
　　び復権を認証すること。
　七　栄典を授与すること。
　八　批准書及び法律の定めるその他の外交

文書を認証すること。
　九　外国の大使及び公使を接受すること。
　十　儀式を行ふこと。
第8条〔皇室の財産授受〕　皇室に財産を
譲り渡し，又は皇室が，財産を譲り受け，
若しくは賜与することは，国会の議決に基
かなければならない。

第2章　戦争の放棄

第9条〔戦争の放棄，軍備及び交戦権の否認〕
①　日本国民は，正義と秩序を基調とする
国際平和を誠実に希求し，国権の発動たる
戦争と，武力による威嚇又は武力の行使は，
国際紛争を解決する手段としては，永久に
これを放棄する。
②　前項の目的を達するため，陸海空軍その
他の戦力は，これを保持しない。国の交戦
権は，これを認めない。

第3章　国民の権利及び義務

第10条〔国民の要件〕　日本国民たる要件は，
法律でこれを定める。
第11条〔基本的人権の享有〕　国民は，す
べての基本的人権の享有を妨げられない。
この憲法が国民に保障する基本的人権は，
侵すことのできない永久の権利として，現
在及び将来の国民に与へられる。
第12条〔自由・権利の保持の責任とその濫用
の禁止〕　この憲法が国民に保障する自
由及び権利は，国民の不断の努力によつて，
これを保持しなければならない。又，国民
は，これを濫用してはならないのであつて，
常に公共の福祉のためにこれを利用する責
任を負ふ。
第13条〔個人の尊重，生命・自由・幸福追求
の権利の尊重〕　すべて国民は，個人と

して尊重される。生命，自由及び幸福追求に対する国民の権利については，公共の福祉に反しない限り，立法その他の国政の上で，最大の尊重を必要とする。

第14条〔法の下の平等，貴族制度の否認，栄典〕　①　すべて国民は，法の下に平等であつて，人種，信条，性別，社会的身分又は門地により，政治的，経済的又は社会的関係において，差別されない。

②　華族その他の貴族の制度は，これを認めない。

③　栄誉，勲章その他の栄典の授与は，いかなる特権も伴はない。栄典の授与は，現にこれを有し，又は将来これを受ける者の一代に限り，その効力を有する。

第15条〔公務員の選定及び罷免権，公務員の本質，普通選挙・秘密投票の保障〕　①　公務員を選定し，及びこれを罷免することは，国民固有の権利である。

②　すべて公務員は，全体の奉仕者であつて，一部の奉仕者ではない。

③　公務員の選挙については，成年者による普通選挙を保障する。

④　すべて選挙における投票の秘密は，これを侵してはならない。選挙人は，その選択に関し公的にも私的にも責任を問はれない。

第16条〔請願権〕　何人も，損害の救済，公務員の罷免，法律，命令又は規則の制定，廃止又は改正その他の事項に関し，平穏に請願する権利を有し，何人も，かかる請願をしたためにいかなる差別待遇も受けない。

第17条〔国及び公共団体の賠償責任〕　何人も，公務員の不法行為により，損害を受けたときは，法律の定めるところにより，国又は公共団体に，その賠償を求めることができる。

第18条〔奴隷的拘束及び苦役からの自由〕　何人も，いかなる奴隷的拘束も受けない。

又，犯罪に因る処罰の場合を除いては，その意に反する苦役に服させられない。

第19条〔思想及び良心の自由〕　思想及び良心の自由は，これを侵してはならない。

第20条〔信教の自由，国の宗教活動の禁止〕　①　信教の自由は，何人に対してもこれを保障する。いかなる宗教団体も，国から特権を受け，又は政治上の権力を行使してはならない。

②　何人も，宗教上の行為，祝典，儀式又は行事に参加することを強制されない。

③　国及びその機関は，宗教教育その他いかなる宗教的活動もしてはならない。

第21条〔集会・結社・表現の自由，検閲の禁止，通信の秘密〕　①　集会，結社及び言論，出版その他一切の表現の自由は，これを保障する。

②　検閲は，これをしてはならない。通信の秘密は，これを侵してはならない。

第22条〔居住・移転及び職業選択の自由，外国移住・国籍離脱の自由〕　①　何人も，公共の福祉に反しない限り，居住，移転及び職業選択の自由を有する。

②　何人も，外国に移住し，又は国籍を離脱する自由を侵されない。

第23条〔学問の自由〕　学問の自由は，これを保障する。

第24条〔家庭生活における個人の尊厳と両性の平等〕　①　婚姻は，両性の合意のみに基いて成立し，夫婦が同等の権利を有することを基本として，相互の協力により，維持されなければならない。

②　配偶者の選択，財産権，相続，住居の選定，離婚並びに婚姻及び家族に関するその他の事項に関しては，法律は，個人の尊厳と両性の本質的平等に立脚して，制定されなければならない。

第25条〔生存権，国の社会的使命〕
① すべて国民は，健康で文化的な最低限度の生活を営む権利を有する。
② 国は，すべての生活部面について，社会福祉，社会保障及び公衆衛生の向上及び増進に努めなければならない。

第26条〔教育を受ける権利，教育を受けさせる義務，義務教育の無償〕
① すべて国民は，法律の定めるところにより，その能力に応じて，ひとしく教育を受ける権利を有する。
② すべて国民は，法律の定めるところにより，その保護する子女に普通教育を受けさせる義務を負ふ。義務教育は，これを無償とする。

第27条〔勤労の権利及び義務，勤労条件の基準，児童酷使の禁止〕
① すべて国民は，勤労の権利を有し，義務を負ふ。
② 賃金，就業時間，休息その他の勤労条件に関する基準は，法律でこれを定める。
③ 児童は，これを酷使してはならない。

第28条〔勤労者の団結権・団体交渉権その他の団体行動権〕　勤労者の団結する権利及び団体交渉その他の団体行動をする権利は，これを保障する。

第29条〔財産権〕　① 財産権は，これを侵してはならない。
② 財産権の内容は，公共の福祉に適合するやうに，法律でこれを定める。
③ 私有財産は，正当な補償の下に，これを公共のために用ひることができる。

第30条〔納税の義務〕　国民は，法律の定めるところにより，納税の義務を負ふ。

第31条〔法定手続の保障〕　何人も，法律の定める手続によらなければ，その生命若しくは自由を奪はれ，又はその他の刑罰を科せられない。

第32条〔裁判を受ける権利〕　何人も，裁判所において裁判を受ける権利を奪はれない。

第33条〔逮捕の要件〕　何人も，現行犯として逮捕される場合を除いては，権限を有する司法官憲が発し，且つ理由となつてゐる犯罪を明示する令状によらなければ，逮捕されない。

第34条〔抑留，拘禁の要件，不法拘禁に対する保障〕　何人も，理由を直ちに告げられ，且つ，直ちに弁護人に依頼する権利を与へられなければ，抑留又は拘禁されない。又，何人も，正当な理由がなければ，拘禁されず，要求があれば，その理由は，直ちに本人及びその弁護人の出席する公開の法廷で示されなければならない。

第35条〔住居侵入・捜索・押収に対する保障〕
① 何人も，その住居，書類及び所持品について，侵入，捜索及び押収を受けることのない権利は，第33条の場合を除いては，正当な理由に基いて発せられ，且つ捜索する場所及び押収する物を明示する令状がなければ，侵されない。
② 捜索又は押収は，権限を有する司法官憲が発する各別の令状により，これを行ふ。

第36条〔拷問及び残虐刑の禁止〕　公務員による拷問及び残虐な刑罰は，絶対にこれを禁ずる。

第37条〔刑事被告人の権利〕　① すべて刑事事件においては，被告人は，公平な裁判所の迅速な公開裁判を受ける権利を有する。
② 刑事被告人は，すべての証人に対して審問する機会を充分に与へられ，又，公費で自己のために強制的手続により証人を求める権利を有する。
③ 刑事被告人は，いかなる場合にも，資格を有する弁護人を依頼することができる。

被告人が自らこれを依頼することができないときは，国でこれを附する。

第38条〔自己に不利益な供述の強要禁止，自白の証拠能力〕　①　何人も，自己に不利益な供述を強要されない。

②　強制，拷問若しくは脅迫による自白又は不当に長く抑留若しくは拘禁された後の自白は，これを証拠とすることができない。

③　何人も，自己に不利益な唯一の証拠が本人の自白である場合には，有罪とされ，又は刑罰を科せられない。

第39条〔遡及処罰の禁止，一事不再理〕　何人も，実行の時に適法であつた行為又は既に無罪とされた行為については，刑事上の責任を問はれない。又，同一の犯罪について，重ねて刑事上の責任を問はれない。

第40条〔刑事補償〕　何人も，抑留又は拘禁された後，無罪の裁判を受けたときは，法律の定めるところにより，国にその補償を求めることができる。

第4章　国　　会

第41条〔国会の地位，立法権〕　国会は，国権の最高機関であつて，国の唯一の立法機関である。

第42条〔両院制〕　国会は，衆議院及び参議院の両議院でこれを構成する。

第43条〔両議院の組織〕　①　両議院は，全国民を代表する選挙された議員でこれを組織する。

②　両議院の議員の定数は，法律でこれを定める。

第44条〔議員及び選挙人の資格〕　両議院の議員及びその選挙人の資格は，法律でこれを定める。但し，人種，信条，性別，社会的身分，門地，教育，財産又は収入によつて差別してはならない。

第45条〔衆議院議員の任期〕　衆議院議員の任期は，四年とする。但し，衆議院解散の場合には，その期間満了前に終了する。

第46条〔参議院議員の任期〕　参議院議員の任期は，六年とし，三年ごとに議員の半数を改選する。

第47条〔選挙に関する事項の法定〕　選挙区，投票の方法その他両議院の議員の選挙に関する事項は，法律でこれを定める。

第48条〔両院議員兼職の禁止〕　何人も，同時に両議院の議員たることはできない。

第49条〔議員の歳費〕　両議院の議員は，法律の定めるところにより，国庫から相当額の歳費を受ける。

第50条〔議員の不逮捕特権〕　両議院の議員は，法律の定める場合を除いては，国会の会期中逮捕されず，会期前に逮捕された議員は，その議院の要求があれば，会期中これを釈放しなければならない。

第51条〔議員の発言・表決の無責任〕　両議院の議員は，議院で行つた演説，討論又は表決について，院外で責任を問はれない。

第52条〔常会〕　国会の常会は，毎年一回これを召集する。

第53条〔臨時会〕　内閣は，国会の臨時会の召集を決定することができる。いづれかの議院の総議員の四分の一以上の要求があれば，内閣は，その召集を決定しなければならない。

第54条〔衆議院の解散，特別会，参議院の緊急集会〕　①　衆議院が解散されたときは，解散の日から四十日以内に，衆議院議員の総選挙を行ひ，その選挙の日から三十日以内に，国会を召集しなければならない。

②　衆議院が解散されたときは，参議院は，同時に閉会となる。但し，内閣は，国に緊急の必要があるときは，参議院の緊急集会を求めることができる。

③　前項但書の緊急集会において採られた措置は，臨時のものであつて，次の国会開会の後十日以内に，衆議院の同意がない場合には，その効力を失ふ。

第55条〔議員の資格争訟〕　両議院は，各ゝその議員の資格に関する争訟を裁判する。但し，議員の議席を失はせるには，出席議員の三分の二以上の多数による議決を必要とする。

第56条〔議事議決の定足数・表決〕

①　両議院は，各ゝその総議員の三分の一以上の出席がなければ，議事を開き議決することができない。

②　両議院の議事は，この憲法に特別の定のある場合を除いては，出席議員の過半数でこれを決し，可否同数のときは，議長の決するところによる。

第57条〔会議の公開・会議の記録・表決の会議録への記載〕　①　両議院の会議は，公開とする。但し，出席議員の三分の二以上の多数で議決したときは，秘密会を開くことができる。

②　両議院は，各ゝその会議の記録を保存し，秘密会の記録の中で特に秘密を要すると認められるもの以外は，これを公表し，且つ一般に頒布しなければならない。

③　出席議員の五分の一以上の要求があれば，各議員の表決は，これを会議録に記載しなければならない。

第58条〔議長等の選任・議院の自律権〕

①　両議院は，各ゝその議長その他の役員を選任する。

②　両議院は，各ゝその会議その他の手続及び内部の規律に関する規則を定め，又，院内の秩序をみだした議員を懲罰することができる。但し，議員を除名するには，出席議員の三分の二以上の多数による議決を必要とする。

第59条〔法律案の議決・衆議院の優越〕

①　法律案は，この憲法に特別の定のある場合を除いては，両議院で可決したとき法律となる。

②　衆議院で可決し，参議院でこれと異なつた議決をした法律案は，衆議院で出席議員の三分の二以上の多数で再び可決したときは，法律となる。

③　前項の規定は，法律の定めるところにより，衆議院が，両議院の協議会を開くことを求めることを妨げない。

④　参議院が，衆議院の可決した法律案を受け取つた後，国会休会中の期間を除いて六十日以内に，議決しないときは，衆議院は，参議院がその法律案を否決したものとみなすことができる。

第60条〔衆議院の予算先議・予算議決に関する衆議院の優越〕　①　予算は，さきに衆議院に提出しなければならない。

②　予算について，参議院で衆議院と異なつた議決をした場合に，法律の定めるところにより，両議院の協議会を開いても意見が一致しないとき，又は参議院が，衆議院の可決した予算を受け取つた後，国会休会中の期間を除いて三十日以内に，議決しないときは，衆議院の議決を国会の議決とする。

第61条〔条約の国会承認・衆議院の優越〕　条約の締結に必要な国会の承認については，前条第二項の規定を準用する。

第62条〔議院の国政調査権〕　両議院は，各ゝ国政に関する調査を行ひ，これに関して，証人の出頭及び証言並びに記録の提出を要求することができる。

第63条〔国務大臣の議院出席の権利と義務〕　内閣総理大臣その他の国務大臣は，両議院の一に議席を有すると有しないとにかかはらず，何時でも議案について発言するため議院に出席することができる。又，答弁又

は説明のため出席を求められたときは，出
席しなければならない。

第64条〔弾劾裁判所〕　①　国会は，罷免
の訴追を受けた裁判官を裁判するため，両
議院の議員で組織する弾劾裁判所を設ける。
②　弾劾に関する事項は，法律でこれを定め
る。

第5章　内　　閣

第65条〔行政権〕　行政権は，内閣に属する。
第66条〔内閣の組織・国会に対する連帯責任〕
①　内閣は，法律の定めるところにより，そ
の首長たる内閣総理大臣及びその他の国務
大臣でこれを組織する。
②　内閣総理大臣その他の国務大臣は，文民
でなければならない。
③　内閣は，行政権の行使について，国会に
対し連帯して責任を負ふ。
第67条〔内閣総理大臣の指名・衆議院の優越〕
①　内閣総理大臣は，国会議員の中から国会
の議決で，これを指名する。この指名は，
他のすべての案件に先だつて，これを行ふ。
②　衆議院と参議院とが異なつた指名の議決
をした場合に，法律の定めるところにより，
両議院の協議会を開いても意見が一致しな
いとき，又は衆議院が指名の議決をした後，
国会休会中の期間を除いて十日以内に，参
議院が，指名の議決をしないときは，衆議
院の議決を国会の議決とする。
第68条〔国務大臣の任命及び罷免〕
①　内閣総理大臣は，国務大臣を任命する。
但し，その過半数は，国会議員の中から選
ばれなければならない。
②　内閣総理大臣は，任意に国務大臣を罷免
することができる。
第69条〔衆議院の内閣不信任〕　内閣は，
衆議院で不信任の決議案を可決し，又は信

任の決議案を否決したときは，十日以内に
衆議院が解散されない限り，総辞職をしな
ければならない。

第70条〔内閣総理大臣の欠缺・総選挙後の総
辞職〕　内閣総理大臣が欠けたとき，又
は衆議院議員総選挙の後に初めて国会の召
集があつたときは，内閣は，総辞職をしな
ければならない。

第71条〔総辞職後の内閣の職務〕　前2条
の場合には，内閣は，あらたに内閣総理大
臣が任命されるまで引き続きその職務を行
ふ。

第72条〔内閣総理大臣の職権〕　内閣総理
大臣は，内閣を代表して議案を国会に提出
し，一般国務及び外交関係について国会に
報告し，並びに行政各部を指揮監督する。

第73条〔内閣の職権〕　内閣は，他の一般
行政事務の外，左の事務を行ふ。
一　法律を誠実に執行し，国務を総理する
こと。
二　外交関係を処理すること。
三　条約を締結すること。但し，事前に，
時宜によつては事後に，国会の承認を経
ることを必要とする。
四　法律の定める基準に従ひ，官吏に関す
る事務を掌理すること。
五　予算を作成して国会に提出すること。
六　この憲法及び法律の規定を実施するた
めに，政令を制定すること。但し，政令
には，特にその法律の委任がある場合を
除いては，罰則を設けることができない。
七　大赦，特赦，減刑，刑の執行の免除及
び復権を決定すること。

第74条〔法律・政令の署名〕　法律及び政
令には，すべて主任の国務大臣が署名し，
内閣総理大臣が連署することを必要とする。

第75条〔国務大臣の訴追〕　国務大臣は，
その在任中，内閣総理大臣の同意がなけれ

ば，訴追されない。但し，これがため，訴
追の権利は，害されない。

第6章　司　　法

第76条〔司法権，特別裁判所の禁止，裁判官
の職務の独立〕　①　すべて司法権は，
最高裁判所及び法律の定めるところにより
設置する下級裁判所に属する。

②　特別裁判所は，これを設置することがで
きない。行政機関は，終審として裁判を行
ふことができない。

③　すべて裁判官は，その良心に従ひ独立し
てその職権を行ひ，この憲法及び法律にの
み拘束される。

第77条〔最高裁判所の規則制定権〕

①　最高裁判所は，訴訟に関する手続，弁護
士，裁判所の内部規律及び司法事務処理に
関する事項について，規則を定める権限を
有する。

②　検察官は，最高裁判所の定める規則に従
はなければならない。

③　最高裁判所は，下級裁判所に関する規則
を定める権限を，下級裁判所に委任するこ
とができる。

第78条〔裁判官の身分の保障〕　裁判官は，
裁判により，心身の故障のために職務を執
ることができないと決定された場合を除い
ては，公の弾劾によらなければ罷免されな
い。裁判官の懲戒処分は，行政機関がこれ
を行ふことはできない。

第79条〔最高裁判所の裁判官・国民審査〕

①　最高裁判所は，その長たる裁判官及び法
律の定める員数のその他の裁判官でこれを
構成し，その長たる裁判官以外の裁判官は，
内閣でこれを任命する。

②　最高裁判所の裁判官の任命は，その任命
後初めて行はれる衆議院議員総選挙の際国

民の審査に付し，その後十年を経過した後
初めて行はれる衆議院議員総選挙の際更に
審査に付し，その後も同様とする。

③　前項の場合において，投票者の多数が裁
判官の罷免を可とするときは，その裁判官
は，罷免される。

④　審査に関する事項は，法律でこれを定め
る。

⑤　最高裁判所の裁判官は，法律の定める年
齢に達した時に退官する。

⑥　最高裁判所の裁判官は，すべて定期に相
当額の報酬を受ける。この報酬は，在任中，
これを減額することができない。

第80条〔下級裁判所の裁判官〕　①　下級
裁判所の裁判官は，最高裁判所の指名した
者の名簿によつて，内閣でこれを任命する。
その裁判官は，任期を十年とし，再任され
ることができる。但し，法律の定める年齢
に達した時には退官する。

②　下級裁判所の裁判官は，すべて定期に相
当額の報酬を受ける。この報酬は，在任中，
これを減額することができない。

第81条〔最高裁判所の法令等審査権〕　最高
裁判所は，一切の法律，命令，規則又は処
分が憲法に適合するかしないかを決定する
権限を有する終審裁判所である。

第82条〔裁判の公開〕　①　裁判の対審及
び判決は，公開法廷でこれを行ふ。

②　裁判所が，裁判官の全員一致で，公の秩
序又は善良の風俗を害する虞があると決し
た場合には，対審は，公開しないでこれを
行ふことができる。但し，政治犯罪，出版
に関する犯罪又はこの憲法第3章で保障す
る国民の権利が問題となつてゐる事件の対
審は，常にこれを公開しなければならない。

134

第7章　財　　政

第83条〔財政処理の基本原則〕　国の財政
を処理する権限は，国会の議決に基いて，
これを行使しなければならない。

第84条〔課税の要件〕　あらたに租税を課し，
又は現行の租税を変更するには，法律又は
法律の定める条件によることを必要とする。

第85条〔国費の支出及び債務負担〕　国費
を支出し，又は国が債務を負担するには，
国会の議決に基くことを必要とする。

第86条〔予算〕　内閣は，毎会計年度の予
算を作成し，国会に提出して，その審議を
受け議決を経なければならない。

第87条〔予備費〕　①　予見し難い予算の
不足に充てるため，国会の議決に基いて予
備費を設け，内閣の責任でこれを支出する
ことができる。

②　すべて予備費の支出については，内閣は，
事後に国会の承諾を得なければならない。

第88条〔皇室財産，皇室の費用〕　すべて
皇室財産は，国に属する。すべて皇室の費
用は，予算に計上して国会の議決を経なけ
ればならない。

第89条〔公の財産の支出又は利用の制限〕
公金その他の公の財産は，宗教上の組織
若しくは団体の使用，便益若しくは維持の
ため，又は公の支配に属しない慈善，教育
若しくは博愛の事業に対し，これを支出し，
又はその利用に供してはならない。

第90条〔決算審査・会計検査院〕

①　国の収入支出の決算は，すべて毎年会計
検査院がこれを検査し，内閣は，次の年度
に，その検査報告とともに，これを国会に
提出しなければならない。

②　会計検査院の組織及び権限は，法律でこ
れを定める。

第91条〔財政状況の報告〕　内閣は，国会
及び国民に対し，定期に，少くとも毎年一
回，国の財政状況について報告しなければ
ならない。

第8章　地方自治

第92条〔地方自治の基本原則〕　地方公共
団体の組織及び運営に関する事項は，地方
自治の本旨に基いて，法律でこれを定める。

第93条〔地方公共団体の機関とその直接選挙〕
①　地方公共団体には，法律の定めるとこ
ろにより，その議事機関として議会を設置
する。

②　地方公共団体の長，その議会の議員及び
法律の定めるその他の吏員は，その地方公
共団体の住民が，直接これを選挙する。

第94条〔地方公共団体の権能〕　地方公共
団体は，その財産を管理し，事務を処理し，
及び行政を執行する権能を有し，法律の範
囲内で条例を制定することができる。

第95条〔一の地方公共団体のみに適用される
特別法〕　一の地方公共団体のみに適用
される特別法は，法律の定めるところによ
り，その地方公共団体の住民の投票におい
てその過半数の同意を得なければ，国会は，
これを制定することができない。

第9章　改　　正

第96条〔憲法改正の手続・憲法改正の公布〕
①　この憲法の改正は，各議院の総議員の三
分の二以上の賛成で，国会が，これを発議
し，国民に提案してその承認を経なければ
ならない。この承認には，特別の国民投票
又は国会の定める選挙の際行はれる投票に
おいて，その過半数の賛成を必要とする。

②　憲法改正について前項の承認を経たとき

は，天皇は，国民の名で，この憲法と一体を成すものとして，直ちにこれを公布する。

第10章　最高法規

第97条〔基本的人権の本質〕　この憲法が日本国民に保障する基本的人権は，人類の多年にわたる自由獲得の努力の成果であつて，これらの権利は，過去幾多の試錬に堪へ，現在及び将来の国民に対し，侵すことのできない永久の権利として信託されたものである。

第98条〔憲法の最高法規性，条約・国際法規の遵守〕　①　この憲法は，国の最高法規であつて，その条規に反する法律，命令，詔勅及び国務に関するその他の行為の全部又は一部は，その効力を有しない。

②　日本国が締結した条約及び確立された国際法規は，これを誠実に遵守することを必要とする。

第99条〔憲法尊重擁護の義務〕　天皇又は摂政及び国務大臣，国会議員，裁判官その他の公務員は，この憲法を尊重し擁護する義務を負ふ。

第11章　補　則

第100条〔憲法の施行期日・準備手続〕
①　この憲法は，公布の日から起算して6箇月を経過した日から，これを施行する。
②　この憲法を施行するために必要な法律の制定，参議院議員の選挙及び国会召集の手続並びにこの憲法を施行するために必要な準備手続は，前項の期日よりも前に，これを行ふことができる。

第101条〔経過規定〕　この憲法施行の際，参議院がまだ成立してゐないときは，その成立するまでの間，衆議院は，国会としての権限を行ふ。

第102条〔同前〕　この憲法による第一期の参議院議員のうち，その半数の者の任期は，これを三年とする。その議員は，法律の定めるところにより，これを定める。

第103条〔同前〕　この憲法施行の際現に在職する国務大臣，衆議院議員及び裁判官並びにその他の公務員で，その地位に相応する地位がこの憲法で認められてゐる者は，法律で特別の定をした場合を除いては，この憲法施行のため，当然にはその地位を失ふことはない。但し，この憲法によつて，後任者が選挙又は任命されたときは，当然その地位を失ふ。

■著者紹介

浅川　千尋（Asakawa Chihiro）

長野県長野市生まれ
大阪大学大学院法学研究科博士後期課程単位取得満期退学
現在　天理大学人間学部総合教育研究センター教授
担当科目　法学・法学概論・日本国憲法・行政法 1 （総論）・行政法 2 （行政救済法）・基礎ゼミナー
　　　　　ル・基礎からわかるレポート作成
主要著書
浅川千尋『国家目標規定と社会権――環境保護・動物保護を中心に』（単著，日本評論社，2008年）
同『リーガル・リテラシー憲法教育〔第 2 版〕』（法律文化社，2014年）
浅川千尋・有馬めぐむ『動物保護入門――ドイツとギリシャに学ぶ共生の未来』（世界思想社，
　2018年）
最近の研究テーマ
環境保護と環境権，動物保護とドイツ基本法，性暴力と被害者の法的救済
趣味
テニス，ドイツ語会話，ドイツビールを嗜むこと，ネコと戯れること
研究室
〒632-8510　天理大学人間学部総合教育研究センター
E-Mail：asakawa@sta.tenri-u.ac.jp

Horitsu Bunka Sha

リーガルリテラシー法学・憲法入門

2020年4月15日　初版第1刷発行

著　者　　浅　川　千　尋

発行者　　田　靡　純　子

発行所　　株式会社　法律文化社

〒603-8053
京都市北区上賀茂岩ヶ垣内町71
電話 075(791)7131　FAX 075(721)8400
https://www.hou-bun.com/

印刷：西濃印刷㈱／製本：㈱藤沢製本
装幀：谷本天志

ISBN 978-4-589-04079-4

Ⓒ2020　Chihiro Asakawa　Printed in Japan

君塚正臣編

大学生のための憲法

A 5 判・342頁・2500円

重要判例を詳解し，重要語句を強調，参考文献・Web情報を付すなど，学習を深めるための工夫を凝らすことによって法学部専門科目の「憲法」にも教養科目「憲法」講義にも対応可能なテキスト。

大久保卓治・小林直三・奈須祐治・大江一平・守谷賢輔編

憲法入門！市民講座

A 5 判・228頁・2200円

「憲法はなぜ必要なのか」「憲法 9 条と自衛隊はどう関係しているのか」「国会・内閣・裁判所はどういう仕組みでなにをしている所なのか」「基本的人権がどういう場面でどのように問題になるのか」など，市民の素朴な疑問，「分からない」に応える憲法入門書。

井上典之編

「憲法上の権利」入門

A 5 判・256頁・2500円

ヘイトスピーチでいわれる「人権侵害」と，いじめやセクハラなどでいう「人権侵害」とはどう違う!? 憲法が保障する人権（自由・権利）と一般で使われる「人権」の相違をよみとくことから，憲法の基本的な考え方を学ぶ。最高裁違憲判決の事案・争点・判旨については，特に詳細に提示。

奥野恒久著

人 権 論 入 門
―日本国憲法から考える―

A 5 判・178頁・2000円

さまざまな人権問題を切り口として，日本国憲法の視点から人権を考えるための概説書。憲法原理を活かし，ときに声を上げることで人権問題への応答が可能であることを明示する。人権学習を通して，一人の個人として自らを大切にし，他者への思いをはせることの重要性を学ぶ。

只野雅人・松田 浩編

現 代 憲 法 入 門

A 5 判・396頁・3200円

憲法の原理・原則と現代的意義をふまえた標準テキスト。日本国憲法の「原点」と「現点」を歴史的・社会的な文脈から再認識し，現代社会に生じている憲法問題に向き合う基礎的な視座を提供する。

―――――法律文化社―――――

表示価格は本体（税別）価格です